何英 主编

又见山花红 丛书

农事新趣味

何英 著

海峡出版发行集团 | 海峡文艺出版社

图书在版编目(CIP)数据

农事新趣味/何英著. --福州:海峡文艺出版社,2020.11
(又见山花红丛书/何英主编)
ISBN 978-7-5550-2357-9

Ⅰ.①农… Ⅱ.①何… Ⅲ.①农业—传统文化—介绍—福建 Ⅳ.①F329.57

中国版本图书馆CIP数据核字(2020)第160228号

农事新趣味

何　英　著
责任编辑　任心宇
出版发行　海峡文艺出版社
经　　销　福建新华发行(集团)有限责任公司
社　　址　福州市东水路76号14层　　邮编　350001
发 行 部　0591—87536797
印　　刷　福州万达印刷有限公司　　邮编　350008
厂　　址　福州市闽侯县荆溪镇徐家村166—1号厂房第三层
开　　本　700毫米×1000毫米　1/16
字　　数　110千字
印　　张　9.75　　插页　4
版　　次　2020年11月第1版
印　　次　2020年11月第1次印刷
书　　号　ISBN 978-7-5550-2357-9
定　　价　30.00元

沿海石头房

十楼勤耕堂

鬼针草

红花益母草

鱼腥草

红菇

白花益母草

野合草

黄知子

芒萁骨

野生苦菜

葛藤

白背叶

鼠曲草

乌饭树

奶汁菇

杜鹃花

桃金娘

桃金娘

野生榛子

扫帚菇

野生板栗

总　　序

沈世豪

我们的时代，已经大踏步进入以互联网为强大背景和支撑的自媒体时代，现代的海量信息，令人眼花缭乱，甚至不知所措。在如此汪洋恣肆的现代潮流冲击下，传统的纸本阅读显然被冷淡、忽视乃至边缘化了。其实，源远流长有着数千年文明史的纸质书籍，就像根深叶茂的大树，阅尽风雨春秋，不但依然常青，而且仍然是人们获取知识、丰富思想、寻求真理、提升境界的主渠道。

“又见山花红丛书”是一套研学读本，是专门为前来古田学习的人们而准备的。1929 年 12 月 29 日，毛泽东同志亲自主持召开的古田会议，是我党、我军建设的伟大丰碑。树立在古田会址上的“古田会议永放光芒”的标语，绝不是一句简单的口号，而是展示着一个真理：毫不动摇地沿着古田会议的精神前进，是我们坚定不移的选择和方向。

古田会议的精神博大精深，简言之，那就是：思想上建党，政治上建军，走实事求是、一切从实际出发之路。90 多年过去了，随着时代的发展，社会发生了翻天覆地的变迁，在如今世界大变局的情况下，正在崛起的中国，面临着越来越严峻的诸多挑战。未来的道路怎么走？呼唤古田会议精神的回归，继承和弘扬古田会议精神，就成为重要的课题之一。

正因为如此，我们组织创作并出版了这套丛书。创新是我们时代的旗帜。这套丛书有哪些创新之处？或者，有哪些是值得研学者注意和重视的亮点呢？

它打破了类似的研学读本，局限于收集现成资料的模式，而是选择由知名作家、学者组成强有力的创作队伍，进行实地采风、考察、研究，精心进行创作。这是来自火热生活第一线的鲜活硕果，是站在现代的高度，对红色土地的深情回望和全新审视。熟悉读者并善于确定阅读定位的作者们，用摇曳多姿的文学笔法，精心捧出这套力作，洋溢着令人耳目一新的时代气息。

奏响继承和弘扬古田会议精神的红色主旋律，是这套丛书的显著特点。不是抽象的说教，而是从当年血与火交织的红色风暴中，选取许多人们闻所未闻的故事、传奇、佳话，重现当年属于中央苏区重要组成部分的闽西，尤其是上杭县的红军以及人民群众的动人风采。恪守以人民为中心的创作原则，讲好中国故事中具有鼎足地位的红色故事，是大家的追求。金戈铁马笔中来，不得不赞叹这片红色的土地，在我党和我军的辉煌历史上占有重要地位的古田会议，之所以会选择在古田，是有深层次的原因的。细读这套丛书，人们就可以发现，此地珍藏着太多的瑰宝。这里的人民，不愧是英雄的人民；这里的红军，不愧是一代俊杰；这片土地，不愧是孕育共和国诞生曙光的土地。

与此同时，这套丛书也增添了有着浓郁乡土气息的闽西民俗、农事等部分，它是闽西深厚的乡土文化的重要组成部分，也是滋养闽西民众情操、情怀、气质、风骨等不可缺少的沃土。它对于进一步深入了解闽西，尤其是了解闽西客家人的精神世界，有着特殊的意义。红色文化和乡土文化的结合，不仅丰富了这套丛书的内容，而且提升了这套丛书的精神高度。

古人云："读万卷书，行万里路。"人生之要诀，稍有阅读体验和经历的人们或许都有这样的体验：阅读，实际是情趣无穷的神游。无论是正襟危坐，还是漫步吟咏，一卷在手，咫尺天地就和无边无际的世界悄然接轨，就可以和古人、仙人、中华俊杰、巾帼英雄甚至芸芸众生对话。书籍是神奇的窗口，可以浏览万千世界；书籍更是桥梁，可以连起昨天、今天、未来。如今，书中不一定都有"黄金屋""颜如玉"，但书中必定有陶冶人们情操、启迪人们心智、开阔人们眼界的金钥匙。阅读，是人的生命之旅中不可缺少的部分。可以相信，一套研学读本在手，将会给前来研学的人们带来教益、深思、快乐！

值得一提的是，这套丛书的内容全部源于闽西这片土地，不少就在古田镇、上杭县一带，如果能够沿着丛书所指引的路标，进行实地考察，将阅读与践行结合在一起，势必会增加更多的亲切感、亲近感。或许，还有更多的新发现。

谢谢为此书的创作付出艰辛和心血的作家、学者，也热烈欢迎前来古田研学的人们。

2020 年 5 月 29 日

（沈世豪，中国作家协会会员。曾任厦门教育学院副院长、教授。著有《散文创作艺术》等 25 部专著和长篇作品。主编和参编十多部著作，全国高校统编写作教材的主要撰稿人。享受国务院特殊津贴。曾获全国第四届"五个一工程奖"、第十一届中国图书奖。散文《泰山一片月》入选北京语文出版社出版的全国七年级语文读本，还有多篇作品入选省编中小学语文教材。）

目 录

一、引子 …………………………………………………… (1)

二、爸妈的唠叨 ……………………………………………… (4)

三、农村的民居 ……………………………………………… (6)

（一）普通民居 ………………………………………… (6)

（二）客家土楼 ………………………………………… (8)

四、餐桌趣事 ……………………………………………… (11)

（一）美味的白斩鸡 …………………………………… (11)

1. 养鸡的传统 ……………………………………… (12)

2. 母鸡的爱 ………………………………………… (13)

3. 河田鸡的饲养 …………………………………… (15)

4. 美味白斩鸡 ……………………………………… (16)

5. 杀鸡的故事 ……………………………………… (18)

6. 母鸡与老鹰的搏斗 ……………………………… (20)

7. 人与老鹰的搏斗 ………………………………… (21)

8. 智慧的老鹰 ……………………………………… (23)

9. 神奇的老鹰 ……………………………………… (26)

（二）美味的白斩鸭 …………………………………… (28)

1. 鸭的种类多 ……………………………………… (29)

2. 笨番鸭很可爱 …………………………………… (31)

3. 番鸭食道做小鼓 ………………………………… (34)

4. 老鹰抓鸭 …………………………………………………… (36)

（三）客家米酒 ……………………………………………… (38)

1. 家乡的酒 …………………………………………………… (38)

2. “红军乐”的故事 ………………………………………… (39)

3. 酒文化 ……………………………………………………… (41)

4. 客家米酒的酿造 …………………………………………… (43)

5. 偷卖酒曲的故事 …………………………………………… (45)

6. 民间的酒故事 ……………………………………………… (47)

7. 偷吃酒娘的故事 …………………………………………… (49)

五、乡村趣事 ……………………………………………… (51)

（一）“跌鼓”的教育 ………………………………………… (51)

（二）饭桌上的规矩 ………………………………………… (54)

1. 鸡腿鸭腿的故事 …………………………………………… (54)

2. 请茶敬酒的规矩 …………………………………………… (56)

3. 嘘声的笑话 ………………………………………………… (57)

（三）奇妙的草药汤 ………………………………………… (58)

1. 草药膳的妙用 ……………………………………………… (58)

2. 鱼腥草的妙用 ……………………………………………… (60)

3. 上火了怎么办 ……………………………………………… (62)

4. 中草药的采摘 ……………………………………………… (64)

六、农事趣事 ……………………………………………… (67)

（一）农业的一年四季 ……………………………………… (68)

1. 稻谷的品种 ………………………………………………… (69)

2. 一年四季种什么 …………………………………………… (71)

3. 水稻的种植 ………………………………………………… (75)

4. 小麦的种植 …………………………………………………… (80)
5. 高粱的种植 …………………………………………………… (81)
6. 玉米的种植 …………………………………………………… (83)
7. 番薯的种植 …………………………………………………… (85)
8. 蔬菜的种植 …………………………………………………… (88)
9. 营养丰富的大薯 ……………………………………………… (91)
10. 种芋子………………………………………………………… (94)
11. 种土豆………………………………………………………… (96)
12. 葛藤的故事…………………………………………………… (98)
13. 绿色环保的蕉芋 …………………………………………… (100)
14. 五谷杂粮益健康 …………………………………………… (102)
(二) 餐桌技艺 ……………………………………………………… (104)
1. 碓寮下的梦想………………………………………………… (104)
2. 蒸年糕………………………………………………………… (105)
3. "粄"的味道 ………………………………………………… (107)
4. 糍粑宴………………………………………………………… (109)
七、山野趣事 ……………………………………………………… (111)
(一) 山上的收获 …………………………………………………… (111)
1. 春采蘑菇……………………………………………………… (112)
2. 秋冬捡果……………………………………………………… (114)
(二) 鱼虾之乐 ……………………………………………………… (116)
1. 全家出动捉泥鳅……………………………………………… (117)
2. 抓黄鳝艺高超………………………………………………… (120)
3. 剐黄鳝真有趣………………………………………………… (121)
4. 田间除草，泥鳅黄鳝也照抓 ……………………………… (123)

5. 酷暑天捡泥鳅 …………………………………………… (124)
6. 翻冬田抓泥鳅 …………………………………………… (125)
7. 冬天里捕泥鳅捞虾 ………………………………………… (126)
8. 春天里捡"土狗子" ……………………………………… (128)
9. 施肥时捡田螺 …………………………………………… (129)
10. 谷雨时节抓青蛙 ………………………………………… (131)
11. 夏天里溪间捕鲫鱼 ……………………………………… (132)
八、养猪趣事 ………………………………………………… (134)
（一）猪"三宝" ………………………………………………… (134)
（二）养猪的学问 ……………………………………………… (136)
（三）猪肉的烹饪 ……………………………………………… (137)
九、养牛趣事 ………………………………………………… (141)
（一）咏牛 ……………………………………………………… (141)
（二）倔强的牛脾气 …………………………………………… (143)
十、完成作业 ………………………………………………… (145)

一、引子

纯子和纯菲是双胞胎兄妹，他们出生在省城，刚念完初二。这不，趁着暑假跟着爸爸妈妈回老家。

他们的爸爸，是从闽西山旮旯里走出来的大学老师，教的是体育。妈妈，是爸爸高中的同班同学，大学毕业后也在省城一所高校里当老师，只不过，她学的是植物保护专业。自从纯子和纯菲记事起，妈妈就要求他们，必须掌握一些植物保护常识，还常利用房前屋后的各种植物作为现场教学，说这是在课本上学不到的知识。

妈妈和爸爸商量好了，趁着全家都放暑假，开车一起回老家去，要对他们进行“实地现场教学”。

当妈妈向兄妹俩宣布这一决定时，他们心里一点准备都没有，你看看我，我看看你。妈妈又强调说，这在春节前就和爸爸商量好的。

兄妹俩就不敢违抗了，但心中都有数，在家里，这“生活上的事”归妈妈管。归爸爸负责的，是人生大事，可是目前兄妹俩都还没有遇到能归爸爸管的事。

学校放假一周后，兄妹俩就跟着爸爸妈妈向老家出发了。

出发前，妈妈还给他们布置了一项“作业”，要求就这次回老家去进行现场教学，回来后要写一篇“像样的”作文。

车子刚上高速公路，妈妈就打开话匣了说：“宝贝……”

这是妈妈十几年来对这两个孩子的昵称，纯子和纯菲早已习惯了。

“哥哥逻辑思维比较强，就多从对农村的劳动有什么体会上去思考。妹妹形象思维比较强，就多进行形象思维的思考。”

纯子马上说：“‘锄禾日当午，汗滴禾下土。谁知盘中餐，粒粒皆辛苦。’农民种田非常辛苦，我们要珍惜粮食……”

相信这首古诗，大家都耳熟能详。这也是纯子记事以来学会背的第一首古诗。他还记得，在一年级时，有一次周末，睡觉前妈妈考他和妹妹两人说，谁能解释好这首诗，明天就可以带谁去动物园玩。兄妹俩都解释对了，就全家一起去。结果，妹妹占了上风。

第二天，妈妈和妹妹一出门，纯子就缠着爸爸给自己讲解这首诗。爸爸讲了一遍，他就记住了。等妈妈和妹妹回来，前脚跨进门，纯子就缠着妈妈说，一定要明天全家一起再去动物园，妈妈不答应，他就不吃饭。妈妈说，不吃饭的孩子，就再也不带他去玩了。

纯子知道，妈妈说的话，不能不听。他坐到饭桌上，吃饭时，每掉一粒饭在桌上，他都背一遍“锄禾日当午”。

吃完饭，纯子又缠着妈妈说：“妈妈，我早就会背了，你听：这首诗的作者是唐代诗人李绅。全诗讲的是劳动的艰辛，劳动果实来之不易。吃饭时，要珍惜每一粒粮食。昨天晚上睡觉前，我是因为想睡觉了，没有记住。要不然，我肯定不会让妹妹占上风的……”

从此，妹妹常笑哥哥是“懒缠”。

一周后，妈妈果真答应全家一起去动物园。只不过，在动物园里，妹妹一直嘟哝着“都看过了”，纯子只看了几个点，就跟着回家了。

从此，纯子对妈妈要求的背诵古诗词不敢怠慢。但是，不知怎么回事，妹妹还是比自己喜欢古诗词。纯子只好归咎于妹妹是女孩，女孩子嘛，总有口齿伶俐的优势。

纯子的思绪回到奔驰在高速公路上的轿车内，不经意地看看车窗外。

妹妹突然间说：“我想好了。国庆节我们班上要搞班会，我就写一首歌。唔……就这样写：春天里，百花开，我来说，你猜猜，菜地里，种什么？萝卜、白菜、茄子、包菜和西红柿……”

“不错，这个思路好。离开家乡几十年了，一年四季种什么，一年四季餐桌上有什么，我都有点忘了。”爸爸用赞赏的口气接话说。

“当然，一年四季你都不上市场去买菜，哪能记住什么季节产什么菜?”妈妈调侃着爸爸。

是的，自从政府强调营造生态环境，百姓强调绿色产品以来，每次妈妈从超市买回食品时，总是唠叨着：“你看，这是大棚蔬菜……”看到从老家带回来的东西，才说：“唔，这是我儿时的记忆……”

二、爸妈的唠叨

爸妈我们长大了，
你别唠叨你别骂。
如今时代不一样，
古老故事早听过。

孩子孩子你别怪，
时代飞速在发展。
千年文化传到今，
传承文明是责任。

纯子和纯菲一家子来到途中的高速公路服务区歇息。

妈妈趁着爸爸去加茶水的空隙，又不失时机地抓住机会，将兄妹俩拉到边上的草丛旁说："你们看看，在农村，到处青草都是宝，这是'车前草'，那是'鬼针草'……"

"出发啦……"爸爸在催上车了。

上车后，妈妈又继续说："现在出生在都市里的人，甚至在农村读书长大的年轻人，都难以弄懂农村里一年四季种什么、吃什么啦……"

"你那是老古董，现在有什么人还会按照我们在农村时那种生产生活方式过日子?"爸爸打断妈妈的话说。

“好了，好了，我不在你们面前唠叨了。现在都市里都是大棚蔬菜、批量生产的商品。就连我在课堂上教的植保课，也极少带学生们到大自然去认识了。”

“就是嘛，都市里的消费量大。要保证消费，就得有大批量的生产。”

“好了，好了，你们别坐在这车厢里论战了……”坐在后排的纯菲出来调解。

“大家休息，爸爸专心当好驾驶员。再过两个小时就到家了。到家后，我再带你们去请教大自然。”

三、农村的民居

“嘟嘟……”到老家的家门口了，爸爸高兴地按了两声喇叭。

爷爷奶奶听到喇叭声，乐坏了，高兴地叫了起来：“宝贝回来了！”

这是爸爸的老家，如今小车直接开到了家门口。

爸爸打开车门，将正在睡觉的纯子和纯菲叫醒了。兄妹俩惺忪着眼跟着下了车。

纯菲一边搓着睡意蒙眬的眼睛，一边说：“古人‘朝辞白帝彩云间，千里江陵一日还’，我们是‘迎着朝阳才出门，千里路途半天还’，睡一觉竟然到家了。”

这时，老家放假的表哥表妹们也都迎了出来，一窝蜂地涌了过来，帮着提这提那，三下两下就提到楼上去了。

（一）普通民居

乡村民居有特色，
祖辈传下立规矩。
叔侄兄弟居一起，
勤俭和睦诚为本。

纯子和纯菲继续揉着那惺忪的睡眼，一脸的倦意。抬头看，对面的邻居家也住进了新房。就在半年前的春节他们回来时，邻居的新房还没装修好。

兄妹俩站在家门前的走廊上看了看，回老家来的次数已经数不清了，总觉得这次爸爸妈妈带他们回来有点特别，是有目的的。

纯子觉得，老家似乎比过去整洁多了，家家户户的门前都整理得很干净。

纯菲却说：以前每次回来都没有认真了解家乡，这次妈妈可是给我们布置了作业哟。

爸爸看兄妹俩还站在大门口，凑过来看看他们在干什么。

机灵的纯子先开口："老爸，我们这次是带着任务回来的，我们得从踏进家门开始，认真观察。"

"好啊，我愿意为你们当向导。"爸爸站在家门口就滔滔不绝地说了起来，"老家的这个村不大，大大小小算在一起，也只不过几十户人家，你们看，这十几年，家家户户基本上都建了新房。只不过，这些新房都是钢筋水泥结构，家家户户都一样的风格，没了传统的建筑文化。你妈妈认为，现在城乡都在发展，传统的建筑，已经找不到地道的盖房师傅了，谁还上山去砍树建房呢？但我不这样认为。我们这村子里，爸爸小时候住的，都是传统的土木结构或全木料结构的老房子。在木墙或土墙的底部，用石头砌一条墙基。这墙基最底部必须用较大的石头，尤其是每一面墙的转角处，必须用一块很大的石头压住这个角，起到承受重梁的作用。整栋房子的木料结构都是榫卯结构，找不到一个铁钉，全靠木匠师傅高超的技术。那可是有丰富的传统文化底蕴的。现在全拆了，建的房子和各地差不多，没有特色。"爸爸说完，脸上露出一丝忧伤。

稍停顿了一会儿，爸爸说："别看我们这个村庄不大，我们的祖上，对建房有许多传统的习俗。传统上建房大多选择坐北朝南、依山傍水的方位。房屋具有客家地区的建筑特色，多由上下厅、左右厢房、横屋组成。家中儿子多的，则在左右厢房中多隔几间，以保证儿子们分家时，可以分得一间独立的房间。有的还分前后栋，要求左右房屋不能高于厅房，后栋要高于前栋，上厅要高于下厅，中间为厅堂，左右两侧为厢房，前面两边建横屋做厨房。如今，随着社会的发展，农村建房不拘泥于传统了，大多是讲究实用，当然也还保留着建房一定要选一个好的朝向的习俗。"

这时，爷爷奶奶摆了一桌美味佳肴叫大家吃饭了。

（二）客家土楼

客家土楼真稀奇，
方圆不等结构奇。
雕龙画凤藏文化，
冬暖夏凉展智慧。

吃过午饭，纯子想到妹妹还在路上就想好了完成作业的题目，就嚷着什么时候去参观土楼，他要写一篇土楼的游记。

爸爸说："以前带你们去参观过土楼，那是我们中华民族的优秀文化遗产，再去参观也不妨。"

接着，爸爸给纯子兄妹俩解释说，在我们家乡的许多地方，农家的房屋建造结构和用料大体相同。当年经济条件好又有见识的人士，非常讲究房屋的建造，才有了今天留给人们参观的世界物质文化遗产——客家土楼。

爸爸曾经特地带他们回老家，参观了据说是现存客家土楼中，在建造时花费时间最长的“存耕堂”。据主人介绍说，这幢房子的建造，前后耗时 16 年多。纯子和纯菲听后深为祖辈的智慧所感动。

爸爸还说，2008 年 7 月被列为世界文化遗产的福建土楼，是以石头砌墙脚，土做墙、木料作顶、上盖瓦片而建造起来的集体建筑，呈圆形、半圆形、方形、四角形、五角形、交椅形、畚箕形等，各具特色。

土楼最早时是方形，有宫殿式、府第式，形态不一，坚实牢固，不但奇特，而且富于神秘感。楼中堆积粮食，饲养牲畜，有水井。由于方形土楼四角较阴暗，通风采光有限，所以有人又设计出圆形、半圆形、交椅形等，如永定的初溪土楼群、洪坑土楼群和南靖县的田螺坑土楼群等，结构奇巧，造型独特，规模宏大。

纯子说：为什么土楼要建那么大，整个家族都住在一起？

爸爸说，中华民族的传统文化根植于东方血缘伦理关系，土楼不仅体现了世界上独一无二的大型生土夯筑的建筑艺术成就，也展示着我们民族聚族而居的传统文化。

你看那“土楼王子”——振成楼，结构奇特，圆楼外有左右对称的半月形馆相辅，建筑外观恰似一顶封建社会官吏的乌纱帽，主体是我国神奇的八卦楼布局，是楼中有楼的二环楼。外环楼是架梁式的土木结构，内环楼是砖木结构，有外土内洋之称，楼高 19 米。内外共有 208 个房间。第一层做厨房和饭厅，第二层做粮仓，三、四层则为卧室。每层楼有房间 40 间，配 4 副楼梯，按八卦方位设计。

楼中楼，天井中有两个小型的花圃作点缀，显得雅致。楼内的东西两侧设有两口水井，也就是八卦图中的阴阳二太极，代表日月。令人奇怪的是，东西方两口水井的水位高低不同，东高西低，而且水温也有所不同，但井水都清凉可口，取之不尽，用之不竭。

南靖田螺坑土楼群，亦堪称民间建筑的典范。因此有人说土楼的建筑风格，天是圆的，屋顶是圆的，井是圆的，月亮也是圆的，世代有着一个共同的愿望，叫团圆。

四、餐桌趣事

（一）美味的白斩鸡

得知纯子和纯菲都回来，爷爷奶奶早就做了充分的准备。踏进家门的那一刻，纯子和纯菲就闻到了香喷喷的饭菜。

爷爷拿起筷子，就往纯子和纯菲的饭碗里夹鸡腿，还特地强调说："来，这是自家养了一整年的河田鸡，是用自家的谷子喂养的。快吃，快吃。"

妈妈马上插话说："对，这种鸡肉，只能在老家吃到。不仅仅是肉质好，而且肯定是上午刚杀，是最新鲜的。"

纯子和纯菲有点不好意思，想让给年纪更小的吃，但他们都不接受。大家都知道，在老家，鸡腿不是给最小的人吃，就是敬老的，再不，就给远道而来的。

爷爷似乎看出了他们的心思，说："今天这鸡腿就你们兄妹俩吃，其他人已经回来几天，吃过不少了。来，来，你们吃。"

纯子看了一眼他们，又看了一眼爸妈，说："那我就吃了。"大家高兴地笑了。

纯子兄妹俩愉快地吃着鸡腿，又想起了妈妈曾经讲过的关于河田鸡的故事。

1. 养鸡的传统

出生在都市里的兄妹俩，吃着美味的家乡河田鸡，却不了解鸡是怎么养成的。在都市里，纯子和纯菲只知道“肯德基”。

爸爸常说，要吃鸡肉，得回老家去吃。妈妈说，只有老家放养的鸡才是绿色环保的好食品。因此，纯子兄妹俩喜欢回老家，不仅仅家乡山清水秀，还因为爱吃肉质鲜美的“白斩鸡”。

白斩鸡，是客家独具特色的传统美味佳肴。在兄妹俩的记忆中，自小回老家不知吃过多少白斩鸡了。而且，他们每次回来，都一定能吃到爷爷奶奶和亲戚们给他们备好的鸡腿。

在老家，传统上每家每户都养着鸡。俗话说：“家中有只鸡，丢在地上的饭粒也不浪费。”

特别是小孩子们，吃饭的时候总是往地上掉饭粒，有时看到饭桌下有小鸡，还故意将碗里的饭拨到地上，有时即使吃在嘴里，还将食物往地上吐呢。

奶奶养鸡，每年的春节过后母鸡下的第一窝蛋就全部留着，让它孵成小鸡。出生两个月的鸡还是毛茸茸的。大人凭经验观察母鸡鸡冠的颜色来判断，它是否快到下蛋期了。快到下蛋期的母鸡，它的鸡冠的颜色会特别红。

奶奶说，母鸡下蛋也有周期，一般每期下二十来个蛋。下完蛋后，母鸡就会不出门，老往那窝里跑。这是告诉主人，它要“抱窝”孵小鸡了。

抱窝期的母鸡特别尽责，除了吃食之外，就是不离开那正在抱的窝。哪怕是你硬要将它抱走，只要你一往那地上放，它马上

"咯咯咯"地跑回到窝里。

当然，也会有淘气的小孩子，去动母鸡正在抱窝的蛋。这下不得了啦，母鸡会奋不顾身，"咯咯咯"地施展它那尖利的嘴勾和锋利的爪子扑向"侵略者"，使你不得不敬畏它。

母鸡的孵卵期是20天。20天到后，小鸡就会慢慢地从蛋壳里钻出来，"唧唧唧"地找妈妈。小鸡啄壳通常是5—12个小时。如果小鸡第19天破蛋壳，一般需要一天到一天半；如果是第20天破蛋壳，一般要一天或半天。如果个别小鸡超过20个小时仍未完全破壳的，则要人工进行助产。

2. 母鸡的爱

毛茸茸的小鸡一大群，
听不懂妈妈的话，
觅不到食怎么办？
"咯咯咯，咯咯咯……"
鸡妈妈不停地叫着孩子们。
那弯钩的嘴甲，
啄着地上的食物，
啄起，放下，再啄起，再放下，
如此反反复复地教育着小鸡，
鸡妈妈总是舍不得吞吃一口！
慢慢地，
小鸡在鸡妈妈的教育下，
一天一天渐渐地长大……

纯子和纯菲兄妹俩回到老家，常常喜欢看门前那母鸡带着一大群的小鸡。

从记事起，兄妹俩回老家，只要稍有哭闹，妈妈就用一群群的小鸡来逗他们。说来也奇怪，只要一看到那一群群跟着母鸡跑的小鸡群，兄妹俩就安静下来，高兴地追逐着鸡群。

妈妈说，孩子喜欢小动物是天性。来到农村，兄妹俩总是追着那小动物一蹲就是老半天。

当然，母鸡带小鸡是孩子们最喜欢看的。在幼儿园的教育活动中，最传统的老鹰抓小鸡的游戏，就是模仿母鸡带小鸡。

小鸡从蛋壳里一钻出来，就能自己走路。于是，母鸡就带着小鸡在庭院周边到处寻找食物。对主人喂在地上的食物，母鸡一边“咯咯咯”地招呼着一群小鸡，一边用它那尖利的嘴勾在地上啄着食物。

只见它啄起，放下，又啄着，又放下，反复地用这种动作教小鸡啄食。母鸡就是舍不得吞进自己的肚子里。同时，母鸡还用它那锋利的爪子，不停地在地上将食物扒拉给身边的小鸡。

当然，这时如果遇到来“侵犯”的同类，母鸡也会毫不犹豫地展开翅膀，张开尖利的嘴勾，伸着锋利的爪子，向“侵略者”扑过去！

母鸡一旦发现有可供小鸡吃的小虫子，就用尖利的嘴在地上啄着食物，“咯咯咯”地招呼着小鸡，那意思是教育小鸡：“这是好东西，快来吃吧，孩子们！”

有时，母鸡会刨到蚯蚓，它就用自己的嘴勾一截一截地将蚯蚓啄成小段，让小鸡吃的同时，也教小鸡学会如何觅食。同时，还用犀利的眼光观察周边，稍有动静就“咯咯咯”地招呼着小鸡，保护它们不受侵犯。

3. 河田鸡的饲养

河田鸡呀真稀奇，
头顶双排鲜红冠，
身披金黄的外衣。
古人没有报时钟，
全靠金鸡来叫醒。
鸡叫一遍是凌晨，
鸡叫两遍是三更，
鸡叫三遍是清晨。

纯子兄妹俩特别喜欢河田鸡。奶奶告诉他们，饲养那毛茸茸的小鸡，得特别细心。比如，用稻谷加工成大米时筛选出的细米，再用油炒一炒后作为饲料喂养小鸡。细心的主人，还会割些山上的草，在地上挖一个洞，将草埋在地下，泼上一碗米汤，几天后就会长白蚂蚁。这白蚂蚁，是喂养小鸡的最佳食物。

小鸡养到一斤左右，小母鸡就用于家里应酬亲朋好友的礼尚往来，比如亲戚家有人生小孩或者有人生病了，前往探视，送一只小母鸡。亲戚家有人 60 岁以上要祝寿时，带上一壶酒、一只小母鸡前往表示祝贺。家人有时劳累过度感到身体不适时，抓上一把草药、杀上一只小母鸡煨汤补补身子，是绝佳的上等“补品”。

小公鸡养到开始打鸣时，主人就请专业人士对它进行阉割。淘气的小男孩，特别喜欢看这阉公鸡。他们常常在阉割公鸡前，左追右赶那待阉割的公鸡。

阉割后的公鸡，用大米或谷子拌地瓜、米糠进行喂养，半年或一年后，就成为驰名的“河田鸡”。

有时，农家会将这种阉割后的公鸡养上三五年甚至七八年，就成了“存年的大公鸡”。

传统上，这种存年大公鸡特别补，如果家中娶了新媳妇，长辈就会特意留着大公鸡给儿媳妇坐月子。

在客家地区，传统上女人生孩子、坐月子，必用河田鸡加自家酿制的米酒、黄花母根炖汤给产妇喝。黄花母根是一种草药，折断后会流出类似牛奶一样洁白的汁，农家都称这种草药为“牛奶汁根”。有条件的，在喂奶期一直喝这种汤，奶汁多，有营养，母婴的身体壮。

在农村里，人们喜爱自家养的河田鸡，除了鸡本身品种的肉质细嫩之外，更重要的是，这种鸡是放在野外自然喂养，和人类吃一样的五谷杂粮，不添加任何饲料配方，虽然长得慢，但特别环保。传统上，就有“一斗米（20 斤）养一斤鸡”的说法。

如今物质生活丰富了，人们吃河田鸡，只因它绿色环保。

4. 美味白斩鸡

河田鸡呀真美味，
皮滑肉嫩是佳品。
野外放养原生态，

绿色环保促健康。
白斩鸡呀味道好，
开水煮熟再切盘。
葱姜米酒当调料，
加盐爆炒做佐料。

纯子和妹妹每次回老家，爷爷奶奶必定要做白斩鸡。兄妹俩觉得奇怪，平时在家里吃什么都觉得很快就吃腻了，唯独这白斩鸡，每次回来都非常喜欢吃。

妈妈说，这是因为白斩鸡是客家地区传统的佳肴。

那么，白斩鸡是怎么做出来的呢？

爸爸说，河田鸡养好后，要做成传统的佳肴白斩鸡，得有娴熟的杀鸡和烹饪技术。

过大年时，家家户户都杀鸡。斩杀时，得备一把锋利的刀将鸡放血。放过血后，就用刚烧开的水进行煺毛。

开水倒入盆中煺毛，得非常利索地将放过血的鸡在大盆中迅速地烫一烫，以能拔下毛为宜，不能太过，否则，就会将鸡的皮烫熟了。之后掏出内脏，鸡就杀好了。

鸡杀好后，备好洗干净的葱头和生姜用作调料。将开水在大锅里烧开后，把鸡放到开水中煮熟后捞起沥干，剁成小块装在盘中。当然，要注意不要煮得过烂。

手艺高超的，在杀鸡时就从背部的脊梁中开膛清理内脏。

这种杀鸡的方法，使鸡煮熟后剁成的小块，肉中的骨头不会露太多，装在盘中看起来不至于“一盘鸡尽是骨头”的感觉。

接下来，将煮熟的鸡从脊梁劈成两片后，把爪、翅膀和脖子部分切小块垫在盘的底部，再将两片鸡肉剁成小块拼盘装好。最后，将鸡头剁成四小块后合成一个头形，装入盘的正中。这样让人一看就是一只完整的鸡。

再接下来，将葱头和生姜切成细末或用小钵头捣成汁待用。

要注意，葱头和生姜的量可适当多些。一般的情况下，吃鸡肉用葱头做调料。如果对葱或生姜不介意的，可用葱头和生姜各半，调起来的料口感会比较好。

肉块和调料备好后，将花生油倒入锅中，用中火将备好的葱姜调料爆熟，加盐。要注意的是，这盐要比自己平时做菜的时候适当多些，再加入农家米酒或老酒约半斤，在锅中稍翻滚一下，即灭火，用勺将调料浇入盘中。

这样，一盘美味可口的白斩鸡就出席了。那大鸡腿，可是孩子们最喜欢吃的。俗话说，过大年吃了大鸡腿，就意味着自己又长大一岁啦。

要注意的是，在调料时不加水或煮鸡的汤，做成的白斩鸡才醇香可口。过大年时，因天气较冷，那剩下的汁，第二天早晨会冻结住，那可是孩子们的最爱。

当然，将这种鸡剁成小块后，装在碗中，放点盐和生姜，用自家配制的米酒干蒸，就成了美味的“盐酒鸡”了。

5. 杀鸡的故事

“咯咯咯，咯咯咯……”

杀鸡了……

张家来了客，

李家又走亲，
活蹦乱跳河田鸡，
走亲访友之佳品。
探访外婆一只鸡，
接待客人鸡一只。
杀鸡可是技术活，
动作还得多练习。

做白斩鸡，必定要杀鸡。说起杀河田鸡，爸爸给兄妹俩讲了一则真实的小故事。

爸爸说，那是特殊年代中的 1970 年的春节。当年，不少省城的老干部和专家被下放到那山旮旯的农村。他们来到农村后，本地的老农出于对他们的尊重，表现出了极大的热情。有的就将自己家留作过大年的河田鸡给杀了，做成白斩鸡盛情招待远道而来的客人。他们初来乍到，对这道菜赞不绝口。

在那物质极度匮乏的年代，当他们了解到老农是把过大年的河田鸡斩杀来招待自己时，非常感动。于是，在春节时，就邀请老农到自己家里做客，也做白斩鸡。

老农也体会到了他们的诚意，答应说："除夕夜在我们家吃年夜饭，中午可以到你们家。"他们觉得，中午先邀请老农来吃饭，"先过年"也是一种诚意。因此，除夕那天一大早，老农就听见隔壁老干部家传来抓鸡声，即吩咐家里不做午饭了，到老干部家去吃午饭。于是，早饭后就各自去忙自己的活计了。

可到晌午，隔壁老干部家仍然传来一阵阵鸡叫声，就是不见他们来请吃午饭。老农心想，这省城里来的老干部，肯定是过年比我们乡下人阔气，等一等再说，就又到附近去溜达溜达了。

待转了一圈回来后，隔壁老干部家的鸡叫声仍然没有停止，就好奇地过去看看，想了解老干部过年到底打算杀多少只鸡。

到了他们家门口，真是不看不知道，看了吓一跳。原来，老干部没有杀过鸡，不懂先将鸡放血后，再用开水烫着煺毛。而是将鸡抓来后，先用绳子捆住鸡的双爪，再一撮一撮地拔鸡毛。虽然折腾了整整一个上午，但一只鸡的毛都还没有拔完。之后，老农三下五除二地帮老干部把鸡给杀好了。

6. 母鸡与老鹰的搏斗

在客家地区，民间称老鹰为“鹞婆”。接下来，妈妈给兄妹俩讲的是母鸡与老鹰搏斗的故事。

妈妈说，她儿时有一个深刻的记忆。她曾见过让人非常敬佩的母鸡为了保护小鸡，英勇地与老鹰搏斗的现场。

那是一个夏天。村子里家家户户的门前都晒了很多刚收回来的稻谷，大家一边晒谷子，一边做些家务事。

村子里的环境保护得比较好，各种野生动物很多。山上常有山羊、野猪、豪猪和许许多多的鸟类。那天空中飞翔的老鹰，只要是天气晴朗时，必定能看到。有时，人们出门去劳动，老鹰那“咕……咕……”的高亢嘹亮的叫声，是人们非常熟悉的。

老鹰特别厉害，它飞得高，速度快，嘴甲和双爪特别坚硬有力。而且，它在觅食时，有非常独特的眼力，在几百米高空盘旋，能非常精确地判断地面上的动物，一旦看到可以捕捉的动物，就会飞快地冲下来，瞬间叼着猎物又飞快地飞走。

有一天中午时分，晒谷子的人翻晒完谷子后，纷纷回家去吃饭了。突然间，有邻居在大声叫喊："鹞婆、鹞婆……"

大家听到叫喊声，都冲出门加入"鹞婆……鹞婆……"的齐声高呼声中，期待以此来驱赶老鹰。

这时，一只带着一大群约出生才50天的小鸡的老母鸡，一边伸长着脖子，一边展开双翅，使劲地"咯咯咯，咯咯咯"招呼着鸡群。

老鹰在众人的高喊声中，通常只在高空盘旋，等待时机，不会轻易冲下来捕捉猎物。但此时也许是饥饿难待，老鹰不管人们的呼喊声，仍旧"嗖"地向那晒谷坪中的鸡群俯冲了下来。

母鸡竟然张开翅膀，一边勇敢地用它那锋利的爪子和尖利的嘴勾与老鹰搏斗，一边不停地发出"咯咯咯，咯咯咯"的呼叫声。

这时，一位邻居手中紧握大耙在使劲地追赶着老鹰。刹那间，耙子似乎打中老鹰的身子，老鹰无奈地飞走了。

老鹰飞走后，邻居们都被老母鸡奋不顾身的勇敢举动惊呆了。转身看看那群小鸡，它们竟一字成排站在走廊的墙根下。

原来，这群被鸡妈妈训练有素的小鸡，在鸡妈妈高亢而紧急的"咯咯咯"呼喊声中，迅速从晒谷坪里撤退到了屋檐下，站成一字形，互相保护着，在迎接英雄的鸡妈妈呢。

7. 人与老鹰的搏斗

老鹰叼小鸡，
那是儿时的游戏。

老鹰叼家禽，
那是动物界的弱肉强食。
人与老鹰的搏斗，
勇者往前，智者获胜。

妈妈讲母鸡与老鹰搏斗的故事，就连爸爸听后也觉得有趣。这时，爷爷也坐下来，讲了一个人与老鹰搏斗的故事。

“人还能与老鹰搏斗？”纯菲觉得有点稀奇，不解地问。

爷爷说，那一次，他亲历了人与老鹰的搏斗。

那是发生在20世纪70年代初期的事。那时，一大批厦门知识青年响应国家的号召，上山下乡来到闽西山区。他们到农村后，按当时的政策，被分配住在农民家里。

一天，爷爷将鸭子挑到山垄田里去放养，就自己去干活了。没想到，傍晚去赶鸭子回家时发现少了一只最肥壮的鸭。爷爷到处找，找呀，找呀，终于在小岔路口找到了一堆的鸭毛和一摊的血。这肯定是被老鹰抓去吃了，爷爷心里非常难过，骂这老鹰眼睛真是毒，最肥壮的那只鸭子被叼去吃了。

第二天，爷爷就不打算将鸭子再挑去放养了。于是，鸭子就被关在家里“呱呱呱”地叫个不停。

家里住的知青小张本来这天请假在家休息，想好好地睡一觉，可被这群鸭子的叫声吵得没法睡觉，就说想将鸭子挑到山垄田里去放养。

爷爷告诉他，昨天老鹰来抓了鸭子，今天肯定还会再来。

小张说，没关系，他保证看好鸭群。看到小张的一片诚意，爷爷就同意他去放鸭子。

小张挑着鸭子去了山垄田里，鸭子欢快地飞向田里。俗话说，鸭子不论饱，总喜欢在水里走。

小张看到鸭子在田里活蹦乱跳，心中也很高兴，就将扁担往田塍上一放，席地而坐，心里想象着古人描写的“沸池蛙，噪林鸦，牧笛声里牛羊下，茅舍竹篱三两家”的意境。

正处在这美好的想象中，突然间，一只老鹰在头顶上的天空盘旋着。小张赶紧大声喊着：“鹞婆，鹞婆！”

可那老鹰根本不在乎他的叫喊声，越飞越低，似乎早已瞄准了要捕的鸭子，马上就要发起向鸭群的进攻了。

就在老鹰冲向鸭群的那一刻，说时迟，那时快，小张就势抽起屁股上的扁担，使劲“嗖”的一声，将扁担朝老鹰扔了过去。不偏不倚，扁担正打在了老鹰的脚上。

老鹰“咕……”的一声长叫，飞走了。

接下来，小张看鸭子，就不敢有半点怠慢了。

8. 智慧的老鹰

老鹰老鹰真聪明，
烈日空中在盘旋。
天晴出门雨时休，
每日报时真是准。

老鹰老鹰有智慧，
遇到人类对它欺，
嗅觉灵敏动作快，

迅速搬家远离去。

纯子和妹妹听爷爷讲老鹰的故事，听得津津有味。

爷爷说，其实老鹰是一种非常聪明的野生动物。天气晴朗时，老鹰必在上午的10点后飞出窝。下午3点后，就返巢了。有时，人们可以根据它的活动规律，来判断外出劳作的时间。比如，天气晴朗，接近中午时分，它在高空盘旋，还“咕……咕……”地叫着。这时，你不用看表，准是午间12点。

中午时分，人们午休，地面的动物也困乏了，这时候正是老鹰觅食的活动时间。它的主要食物，是山里的老鼠、野兔。当然，它也常常捕食农家的家禽。因此，人们对老鹰是讨厌多于喜欢。

不过，人们外出劳动时，遇到老鹰在山头发出“咕……咕……”的长长的音调，那优美的旋律，又给人们带来一种愉悦的享受。

在环境保护得较好的那个年代，各个山头基本上都盘踞着老鹰。它们有自己的地域，互不侵犯。

它们的家，靠自己衔来野草筑在山头最高大的松树上。它们非常勤劳，所筑的窝哺育过一批仔之后，下一批再产蛋时，必定重新另筑一个新窝。当然，也许它们是为了防止受到侵犯。

农村里淘气的男孩子们，一旦发现了它们的窝，常常相互邀着爬到树上，到它们家里去“做客”。运气好时，往那老鹰窝里一掏，准可掏得几粒老鹰蛋。

男孩子们特别喜欢掏各类鸟蛋。农村土楼房屋檐下，是小鸟最乐意做窝的地方。淘气的男孩子常常在观察到鸟窝后，会趁着夜色，扛着木梯，冷不丁去掏一掏。

有时，他们会打着松枝火把，扛着十几米长的木梯，爬到三层楼高的土墙上去掏鸟窝。之后，就到家里去煮，吃得津津有味呢。

当然，老鹰对这种不速之客是非常警惕的。假如有不速之客到过它们家，即使没有碰过它们窝里的任何东西，老鹰回来后，仍可凭借着自己那灵敏的嗅觉来判断是否来过“侵略者”。一旦发现来过“侵略者”，即使窝里没有被碰过，它们也会迅速扔下这个家，搬到别的地方另筑新家。

一次，爷爷和同伴侦察到在大老远的山上有一棵大松树，看上去有一个很大的鸟窝。大伙儿判断：那肯定是一个老鹰的窝，而且看样子有刚出生不久的小鹰。就邀了几个人想去捣这老鹰的窝。

第二天一大早，就出门了。

到了山上，小伙伴树牯子戴着斗笠，三下两下就攀到了树梢的鸟窝边。好家伙，这鸟窝里，有六只不会飞的雏鹰，它们还以为是鹰妈妈回来了，伸长着脖子“咕咕咕”地叫了起来。这下可把树牯子乐坏了，他干脆找了个最佳位置坐在树枝上，一手抱着大树，一手伸进鹰窝，与那些咕咕叫的雏鹰玩了起来。

这下急坏了等在树下的小伙伴。都希望他能快点将雏鹰抱下来，大家一起玩，这叫“有福同享，有难同当”嘛。可是，树牯子为了吊大家的胃口，就故意在树梢上不肯下来。

眼看着他自己一人在树梢上玩得有趣不下来，大伙儿就装作先回家不等他的样子，这才把他给“逼”了下来。

树牯子下来时，将斗笠反过来，把雏鹰全部装在斗笠里抓了下来。大伙儿高兴极了，非常好奇地抚摩着雏鹰。一位小伙伴说要将它们带回家去养，大伙儿果真将雏鹰带回家来了。

一回到家，大伙儿就用米饭喂雏鹰，可它就是不肯吃，还“咕咕咕”地叫。树粘子灵机一动：是不是要去抓小虫来喂呢？他说，我们到屋后的篱笆下去找小虫。大伙儿找到了一个白蚂蚁窝，赶紧拿来小脸盆，将这白蚂蚁窝一锅端到了家里，一只一只地给小鹰喂白蚂蚁。它还真吃呢。

正当大伙儿玩得非常投入的时候，树粘子的爷爷回来了。他爷爷看到孩子们在玩雏鹰，就劝说：“老鹰是益鸟，不能随便去抓。再说，这雏鹰离开了鹰妈妈，就有可能养不活了。你们赶快将它送回到老鹰的窝里去。”

在他爷爷的劝说下，大伙儿马上把雏鹰送回到它的窝里去。

第二天，小伙伴们特地到那里去看看，那老鹰还管不管自己的小鹰。

想不到的是，那棵大树上的老鹰窝，已经被破坏了，那雏鹰也不见了踪影。

肯定是前一天惊动了老鹰，它们连夜就挪窝搬家了。

值得一提的是，老鹰在哺育小鹰的过程中，一般都是雄性老鹰负责外出寻觅猎物，雌性老鹰负责在窝里哺育幼鹰。它们一般都是在属于自己的领域内捕猎。

9. 神奇的老鹰

老鹰老鹰很神奇，
双眼很有穿透力。
展翅高飞入云天，

时速达到几公里。

老鹰老鹰力无比，
敏捷快速瞅得准。
双爪犹如钢制钩，
抓住猎物不放弃。

爷爷见纯子兄妹听得津津津有味，就继续给他们讲那老鹰的故事。爷爷说，老鹰不仅有智慧，而且还有点神奇。假如你有机会近距离观察，就会发现老鹰弯钩的嘴，长着尖利且坚如钢铁的嘴甲，捕猎物时只要轻轻地一啄，准能将猎物啄出一个深深的大洞。

老鹰的双爪的结构，非常独特。成年的老鹰，每只脚有对称的四个爪，一前一后两个爪长着约一寸来长且又尖又弯的甲壳，侧边另两个爪虽稍短小些，但同样也是长着又尖又硬的甲壳。四个爪，两长两短相互配合，不仅非常锋利，而且力气很大，一旦抓住猎物，必定深深地插入猎物身子。它一旦捕获到猎物，那肯定是美餐一顿。

当然，有时老鹰叼着的猎物体重太重，在高飞的过程中会掉下来。如果是在荒野之地，老鹰就飞下来慢慢地先享用这美餐之后再飞走。如果是在人群聚集之地，老鹰则有可能在空中盘旋寻找机会俯冲下来，叼走这猎物。

有一年夏天，村子里，大家都在房前屋后晒刚收割的谷子。中午时分，突然间传来“咕……咕……”的老鹰叫声，大家不约而同地从家里冲到门前。

说时迟，那时快，一只老鹰腑冲下来叼走了一只足足有五六斤重的河田鸡。全村人一起大声叫喊着："鹞婆……鹞婆……"使劲追着。终因那只河田鸡的体重太重，"砰"的一声，老鹰放弃了叼着的猎物，飞走了。

邻居捡回了这只被老鹰叼走、失而复得的河田鸡。

听着爷爷绘声绘色地讲着有趣的故事，纯子多想近距离地观察到老鹰啊。

纯子觉得爷爷没有上过学，怎么有那么多的知识？爸爸说，社会是一所大学，能学到许多书本上学不到的知识。

（二）美味的白斩鸭

奇怪奇怪真奇怪，
鸡蛋鸭蛋都是蛋。
母鸡抱窝二十天，
母鸭却要三十天。
母鸡抱窝很勤奋，
从不偷懒不离窝。
母鸭抱窝会偷懒，
悄悄跑到水中玩。

几天后，爷爷做了一盘白斩鸭，纯子兄妹俩可喜欢了。爷爷说，这是他年初养的番鸭，已经饲养半年多了。

纯子和纯菲都觉得老家的白斩鸭真好吃，肉质鲜美。

爷爷笑眯眯地看着他们吃，心里有说不出的高兴。他说，明天要带兄妹俩去看看山垄田里放养的鸭群，鸭的种类可多呢。

1. 鸭的种类多

白鸭母，有贡献，
性平滋补能保健。
老少病弱炖着吃，
调理身体是首选。

纯子和纯菲在爸爸妈妈的带领下，来到山垄田里，看到在田里觅食的鸭群不少，便好奇了起来。

这一群一群的鸭子，有大有小，羽毛有黑也有白，还有的黑白相间。这到底是怎么一回事呢？

爸爸就地蹲了下来，指着田里的鸭群，耐心地告诉他们说，鸭子的种类有许多，我们南方地区家庭饲养的，有水鸭母、青头鸭、半番鸭、番鸭，此外还有连城县饲养的白鹜鸭。

但是，做白斩鸭吃的，只能是番鸭或半番鸭。

纯子好奇地问："什么是番鸭，什么是半番鸭呢？"

爸爸笑了起来，他说，现在生活在都市里的不少人，对这种自然的配种方式不理解。可要记住噢——

公番鸭和母番鸭配种后，下的蛋孵成的小鸭，叫番鸭。

青头鸭和母番鸭配种后，下的蛋孵成的小鸭，就叫半番鸭，也称菜鸭。这种鸭不会下蛋。

青头鸭和水鸭母配种后，下的蛋孵成的小鸭，就叫白鸭或水鸭。这种水鸭，如果不进行配种，下的蛋只能吃，不能孵成鸭。

番鸭公可养至十几斤重，具有生长快、体重大、耐粗食、易育肥、瘦肉率高、肉质鲜美等优点，属食品中的佳肴。

半番鸭只能养到三五斤重，水鸭只能养到两斤来重。而人们通常吃的鸭蛋，是水鸭母下的蛋。

有人说，鸡抱窝，鹅抱窝，唯有鸭子不抱窝。其实这种说法不准确。在鸭的种类中，只有白鸭和半番鸭不抱窝。半番鸭是不下蛋的。白鸭配过种的蛋，可以给母番鸭抱窝。

母鸭的抱窝期是 30 天。鹅蛋因为体积较大，它的孵化期约多 1 天。

有意思的是，乡间的老人告诉孩子们说，母鸡抱窝期是 20 天，而母鸭的抱窝期是 30 天。同样是家禽抱窝孵蛋，为什么小鸭的孵卵期多 10 天呢？

老人会非常认真地告诉孩子们说："鸭蛋的壳比鸡蛋的厚，加上母鸭在抱窝时，常会到小溪中下水'偷懒'，每天真正抱窝的时间比母鸡短。所以，做事不能偷懒哟。"

母鸡和母鸭带孩子还有一大区别，就是母鸡带小鸡，最少也得带 40 天至 60 天。母鸡如果快要进入新一轮的下蛋期时，就会开始驱逐小鸡，不让小鸡跟随在身边。这时，主人就得将小鸡集中放到远离母鸡的地方去，让它们自己觅食物。如果这时小鸡仍然跟随母鸡，母鸡就会用它那嘴啄小鸡，以此告诫它们：你们长大了，不要再跟着妈妈了，应该自己去觅食！

而母鸭带小鸭，只带几天。小鸭从蛋壳里钻出来后，主人就可将小鸭与母鸭隔离开来，以让母鸭尽快进入新一轮的下蛋期。

当然，母鸭带着小鸭在水中游玩的过程中，也像母鸡一样，教小鸭寻觅食物，全力保护着自己的孩子。

而小鸭刚从蛋壳里钻出来，主人就可以将这窝小鸭拿到市场上去卖，或将这群小鸭另外圈起来养殖。

将小鸭圈起来养的时候，一般都是由主人将大米煮到六七成熟，用清水淘过后喂它吃。

细心的主人，还每天都去挖蚯蚓或捕小鱼小虫来喂养。待养到一个月或四十来天后，就送到野外去放养。尤其是农村里的小孩子，常常是早上起床后，父母就会吩咐他将鸭子挑到山垄田里去放养，放学回来后，再挑回来。

爸爸说到这里，问纯子兄妹俩说：“宋朝苏轼《惠崇春江晚景》中，有一句名句叫‘竹外桃花三两枝，春江水暖鸭先知’。为什么‘鸭先知’呢?”

纯菲抢先回答说：“这是因为鸭一年365天都在水里玩吧。”

爸爸满意地笑了。

2. 笨番鸭很可爱

鸭的种类要分清，
不同鸭种性不同。
老白鸭，性偏凉，
草药炖汤可降火。
番鸭半番鸭性温，
适宜体寒和老人。

半番鸭，是菜鸭，
饲养方便较简单。
大番鸭，较特殊，

分成白番和乌番。
白番肉粗乌番嫩，
都是可爱笨番鸭。
番鸭公，嗓子粗，
身子笨重不怕生。
若是遇到“侵略者”，
张大嘴巴把你啄。
老番鸭，特滋补，
配上药膳炖汤吃。
小火慢炖慢慢煲，
味甜肉嫩爱喝汤。
如果做成白斩鸭，
味道鲜美客家菜。

白鹜鸭，进药典，
性平滋补是国粹。
民间饲养好方法，
一年两年不算长，
三年五年才算养。
逢年过节炖好汤，
滋补调养身体棒。

爸爸一边给纯子兄妹俩介绍那田里的鸭子，一边看着田里的大番鸭出神。妈妈猛地在他的背后拍了一下，他才回过神来。妈妈问他说：“你怎么说着说着，就走神了？”

爸爸说，看着这群大番鸭，想起了当年在家里过大年。那年头，物质生活特别匮乏，这大番鸭，成了人人都盼望吃的美味。过大年，能宰杀一只大番鸭非常不一般。因此，养一只大番鸭来过大年，成了当年农村里家家户户都非常重要的大事。

小番鸭孵出后的初期，每天都得挖蚯蚓或小虫喂养。待长到半斤重左右，就要挑到田里去放养，让它们自由地寻觅小鱼小虾。

待养到3斤左右，母鸭若不留作种鸭，就卖掉或自家过节、招待来客时斩杀掉。公鸭就继续放养到七八斤左右，再进行圈养，就成了大番鸭。

农历十月以后，家里养的大番鸭，就用一只刚好只能让它蹲着、不能转身的竹笼将它关在里头，笼子前放着一碗水。蒸熟的地瓜加米糠晒干后的“地瓜糠粿条”，约大拇指粗，家庭主妇们每天用手一条一条地将地瓜糠粿条填塞进鸭嘴，且固定每天必须填塞多少的量。

填塞番鸭是一件技术活。首先要细心地将鸭嘴从笼子里拖出来，左手用暗劲抓住鸭的头部并捏着鸭嘴，右手扒开鸭嘴，再将地瓜糠粿条塞进鸭嘴，并用手指轻轻地往鸭的喉咙里送。接着，喂一点水，再轻轻地用手从鸭的喉部往下推至鸭的胃里。塞完一条后，得让鸭稍稍休息一会儿，再塞第二条。一般每天塞的地瓜糠粿条的数量是相同的，这样才能让大番鸭长得肥硕，重的达十七八斤呢。经这样填塞后的大番鸭又肥又嫩，吃起来非常鲜嫩可口。

大番鸭，人们也称它为“笨番鸭”。说它笨，它还真是笨。养到四五斤后，它走起路来就大摇大摆，即使你在后面赶着它，它也仍旧是大摇大摆地走着。这时，你若伸手去抓它，还真的非常容易抓到。

因此，人们便称它为“笨番鸭”。

3. 番鸭食道做小鼓

杀番鸭，最有趣，
取出食道来吹气。
轻轻清理那杂物，
吃气凉干好几天。
取来一节小竹子，
剖开食道做成鼓。
“咚咚咚，咚咚咚”，
乐得孩子笑哈哈。

爸爸说起了儿时过年杀大番鸭，取下食道做小鼓的趣事。纯菲不解地问：“番鸭的食道能做鼓？怎么做啊？”

爸爸说：过大年，杀大番鸭，吃大鸭腿，是男孩子们最高兴的事。

除夕日，孩子一大早就起床了，盼着大人尽快杀大番鸭。因为，孩子们盼着将大番鸭的食道拿来自制鼓皮。

大人们把大番鸭放血后，煺完毛，就拿到小溪边去处理。孩子们就盯住将大番鸭开膛后的第一件事，把大番鸭的食道取下后，食指和中指弯曲着，轻轻地将鸭食道中的残物刮干净，而且不能沾水。

然后，孩子们把鸭食道的一头用细绳子扎紧，再向鸭食道使劲地吹气，使鸭食道慢慢地变薄并鼓起来，直至看上去就像透明的玻璃一样时，另一头也用一根小细绳扎紧。

之后，就将这吹鼓了的鸭食道挂在阳台通风的地方，让它慢慢地自然阴干到六七成左右，再根据鸭食道的大小，锯下一节竹节，取来半干的鸭食道，对半切开，蒙在竹节上，然后用手将周边抹平抹紧。再放在阴凉处让它自然干透，就成了可以当玩具玩的小鼓了。

别小看这种小鼓，敲起来还真的“咚咚”地作响呢。

当然，要注意的是，这取的竹子要一头带有竹节，另一头没有竹节的，将鸭食道蒙在没有竹节的一端。这样，中间有一定的空间，做成鼓后敲起来才能有“咚咚”的响声。

这过大年宰鸡杀鸭，孩子们最高兴的还有一件事，就是趁机可以在小溪里抓鱼。

人们在溪里宰鸡杀鸭，可乐坏了溪中的小鱼。鱼儿欢快地在水中寻觅着破开的鸡或鸭的肚子里的残物。

这时，聪明的孩子们拿根大头针，稍稍折成弯钩，再接上一根线抓在手中，即可在这溪里钓小鱼。也有人找来脸盆，放上一点食物，再用一块纱布，扎在脸盆上，中间剪开一个小口，往那宰鸡杀鸭的小溪里一放，不一会儿工夫，小鱼就循着从脸盆中流出来的食物，自然地钻到脸盆里了。再轻轻地端起脸盆，将水慢慢地沥掉，必能抓到不少的鱼。

如今，随着社会的进步，生产方式已经专业化、规模化了，养鸡养鸭的方式也进行了大改革。

在城市，都是养鸭场、养鸡场批量地规模化生产。饲养的鸡鸭，三四十天就可提供给市场了。

即使在农村，人们饲养鸡鸭的方式也大大改革了。饲养鸡鸭的人在山坳里围着一大片的山或田地，饲养着一大群鸡鸭，让它们自然地觅食，而且饲养的时间还是大半年或一年。

饲养鸭子的人，一次性买上几百只毛茸茸的小鸭，当天就送到田里去放养半年以上，让它们自由地觅食，自然地成长。只是在空闲时，每周或十天半个月去查看一次。半年下来，这群鸭子的成活率大概只有百分之四五十。因为，野外山禽野兽多，它们在成长中，常常是在斗智斗勇中求生存。

在这种野外放养中长大的鸡鸭，肉质特别好，主人获得的利益也较高。而工厂生产的鸡鸭的品质，就远不如农村里饲养的好。

4. 老鹰抓鸭

老鹰老鹰有智慧，
抓捕猎物很神奇。
瞅准最肥那一只，
“嗖”的一声就起飞。
老鹰抓鸭像游戏，
盘旋头顶在观察。
待你回过神来时，
老鹰早已远离去。

爸爸眉飞色舞地讲过取大番鸭的食道做小鼓之后，继续沉浸在儿时的记忆中。他告诉纯子兄妹俩说，有一次他和几个小伙伴一起带着饭，将鸭子挑到山垄田里去放。

到了山垄田里，年纪稍大的那位就说，我们将鸭子挑到最顶部的田里，让鸭子从上往下觅食，我们挑着空鸭笼到路口边的草寮亭子里休息。

一般的情况下，大家都会按家长的要求，将鸭子放在田里后，人就站在田塍上，跟着鸭子往下移动，以防鸭子被野兽抓走。家长千交代万交代的是，放鸭要专心哟。

可这天，那稍大点的男孩子鬼点子特别多，就劝大家一起到草寮亭子里去休息。他说，何必这样跟在鸭子的屁股后走呢？回家时再来找鸭子就行了，不会有事的。

大家觉得他说得有理，放下鸭子就跟着他走了。

几个人一起在草寮亭子里玩了一会儿，看看太阳当午，就准备吃午饭了。

就在这时，传来了“咕……咕……”的老鹰长叫声。大家赶紧跑出亭子，一起大声地叫喊了起来：“鹞婆……鹞婆……”并冲向对面田里的鸭群。

可是，大家的叫喊声，远远抵挡不了老鹰对那鸭子的贪婪，只见老鹰“嗖”地俯冲到鸭群，叼走了一只下蛋最多也最大的水母鸭，迅速地飞走了。

为什么说被老鹰叼走的那只水母鸭是最会下蛋的呢？民间对饲养的家禽自有独特的评定方法。他们认为，水母鸭头部较小、眼睛特大又灵敏、身子较长、屁股下垂，是最会下蛋的鸭。

等大家走近一看，被叼走的正是那位稍大一点的男孩子家的水母鸭。大家非常后悔没能按家长的要求，紧紧盯着觅食的鸭群，现在最能下蛋的水母鸭被老鹰叼走，成了它一顿美味的午餐，回家后肯定会被家长责骂的。

（三）客家米酒

1. 家乡的酒

吃饭时，纯子和纯菲看到爸爸妈妈都给爷爷奶奶和长辈敬酒。他们不停地互相敬酒，举起酒杯高喊：“干杯！”纯子和纯菲觉得非常好奇。

晚上睡觉前，纯菲问爸爸说：“你们为什么喜欢喝酒？”

爸爸带着几分醉意给他们开了一场别开生面的“酒文化”讲座。

爸爸说，他自小就在家乡的酒文化中成长。爸爸接着念了一首诗：

谁把那琼浆玉液藏天上？
谁邀那嫦娥下凡来？
谁请那哪吒放圣水？
谁让那圣水醉人间？
啊，是父老乡亲，勤劳的人民。
谁把那宾客请过来哟，
谁把那宾朋邀到家，
是香醇美味的家乡酒，
是香飘天下的家乡魂。

举杯吧朋友，干杯吧朋友。

在这美好的时刻，我们干杯，干杯！

念到这里，爸爸站起来在房间里踱着方步，右手似端着酒杯，左手挥舞着，似乎陶醉在酒文化之中。

2. “红军乐”的故事

爸爸说起“红军乐”的故事。在革命战争年代，中国工农红军来到闽西。在一次战斗中，一位红军首长被子弹打中小腿负了伤，被转移到当地的老农家里养伤。

红军首长伤势严重，在那缺医少药的年代又没有更多的药医治，怎么办呢？情急之下，老农说：“只能按照我们民间的习惯来治了。”

站在一旁的红军战士着急地说：“只要能抢救首长，什么方法都行。”

于是，老农端来一大碗香醇的客家米酒，找出自己备用的“田七”（也叫“三七”）。将田七捣碎后，一分为二。一半田七，让红军首长用米酒直接吞服；另一半田七用米酒调成糊状后，直接敷在红军首长的伤口上。

果然，红军首长伤口的血止住了。接着，老农每天都采用这种方法给红军首长治疗。

不久，红军首长的伤养好了，又重返前线。

临别时，红军首长紧紧握住老农的手，说：“你酿的米酒为红军作战打胜仗起到了保障的作用，我们非常感激。”

红军用当地民歌的调子唱起歌来，以表示自己的感激之情：

老农自家陈年酒，
配上田七当药用。
药到伤除恢复快，
红军乐了上战场。

老农听后也激动地回赠一首：

红军首长同志哥，
这点小事莫提了。
路上小心慢慢走，
红军乐了再回来。

“红军乐”从此就传开了。

爸爸还说，他在家乡生活时，常常听长辈们说，在客家的传统生活中，家家酿造这种酒，不管是男性还是女性，外出劳动辛苦，回家就喝一碗。每年的初春季节，不少人在干了重体力劳动后，特地去买些传统的中药田七，捣碎后冲酒喝，起到活血化瘀、调理身体的作用呢。

纯子和纯菲听着爸爸的讲解，也被家乡这酒文化熏陶着。平时看爸爸在家里喝酒时，似乎不理解他为什么要喝。今天听爸爸这么一说，心中豁然开朗。

3. 酒文化

爸爸看纯子兄妹俩听得津津有味，收不住话匣子了，讲解起酒文化。

酒，是中华民族几千年璀璨文明史中的文化遗产。千百年来，中国的酒文化代代相传。

客家米酒，是中华大地上的特色传统名酒之一，畅饮客家米酒不断地传承下来，成为人们的传统习俗。

说到酿造客家米酒，人们对它的情结特别深厚，这种情结来自于客家民系的生活。喝米酒，弥漫着客家民间浓郁的生活气息，在各种不同的场合，有不同的情境。

在乡间，喝酒，讲究的是一种情调，因喝酒的时间、地点、人物和环境氛围的不同，会产生各种不同的情调。

过年过节时，家人团聚，全家围在一起，温上一壶自家酿造的米酒，喝上几杯，其乐融融。在这种时候喝酒，讲究的是中华民族传统的亲情。

办喜事、祝大寿，宴请亲朋好友，待客人上门，酒过三巡。酒兴大发者，猜拳喝酒，有的喝得酩酊大醉，还在高喊“行酒令”，大声叫喊：“我没醉，我醉不倒!”场面好不热闹。在这种氛围中喝酒，讲究的是中华民族传统的族亲之间的血缘之情。

同学朋友相聚，有道是，有朋自远方来，不亦乐乎。热情招待远方的来客，捧上一杯米酒，或是来个小炒，或是就着咸菜，促膝谈心，诉说衷肠。在这种环境中喝酒，讲究的是一种不是亲人胜似亲人的友情。

邻里之间利用闲暇相聚，备上几个菜，邀几位邻居好友坐在一起，斟上一杯米酒，或互相倾诉，或互报平安，家长里短，喝的是邻里之间的和谐之情。

兄弟或邻里之间，有点小误会，邀请族中长者或邻里乡亲来家里坐一坐，温上一壶米酒，就着一把黄豆、花生，小误会顷刻之间就化解。在这种时候喝酒，讲究的是对邻里和谐的追求与期盼。

外出劳作辛苦了，回到家喝一碗酒，悠然自得，驱除疲乏。有时，在田间劳动，抓到一条泥鳅、黄鳝，带回家，抹点油放点盐在锅中一煎，就成了一碟配酒的好菜，再温上一壶米酒，独自小酌，好不自在。在这种意境中喝酒，是一种自我陶醉的悠然心态。

此外，同事晋升，喝的是“高升酒”；朋友的孩子考上名牌学校，邀请大家喝“升学酒”；孩子有了“出息”，邀请老师相聚，喝一场“谢师酒”；有事请人帮助，相邀喝一场“人情酒”；家有亲人远行，临别喝上一杯“饯行酒”；亲人从远方回来，喝一杯“洗尘酒”。

心情不好时，躲在家喝一杯米酒，喝的是自我安慰酒。

老人或体弱者在晚上临睡前喝上一小杯，促进血液循环，喝的是保健酒。

女性怀孕了，有时喝上一碗，怀着自我满足的喜悦心情——新生命就要降临了，多么期待！

遇到风调雨顺的好年景，收获了，大家高高兴兴地喝一场丰收酒。

正月里，亲朋好友相聚，必少不了喝酒。人们一边品鉴着各家酿的酒，一边猜拳行酒令，开开心心地醉一场。正像唐代诗人王驾所描述的那样："鹅湖山下稻粱肥，豚栅鸡栖对掩扉。桑柘影斜春社散，家家扶得醉人归。"

4. 客家米酒的酿造

纯子爸爸使尽全身解数为兄妹俩讲解关于酒的酿造。爸爸说，在客家民系聚集的城乡，家家户户都能酿造米酒，采用糯米蒸熟加酒曲发酵酿造的传统工艺，体现了客家民系的智慧。

这种酒，经低温贮存一年以上，酒色或红褐清亮或晶莹剔透，味甘，醇香，余味绵长，品质稳定，颇享声誉。

在粮食较为紧张的年代，酒厂利用野生金樱子、橡子、金狗头、金刚刺和木薯等植物，采用高温糖化、低温发酵技术酿造白酒，但民间接受的仍然是传统的手工工艺酿造的糯米酒。有的工厂以糯米、籼米各半代替纯糯米，并采用半发酵、低温陈酿造酒的工艺酿造酒，质量与传统产品相比略差，在市场上虽然能接受，但在客家民间则无销路。会喝酒的人，只需尝上一口，就能分辨。

当然，在民间丰富多彩的日常生活中，打糍粑、包粽子和做年糕、元宵粉、麦芽糖，也是用糯米。

这客家米酒的酿造，工序复杂，甚至有几分神秘，掌握起来并不容易。

首先，家家户户都必须要有专门的酿酒器皿。比如，蒸糯米饭用的饭甑，发酒娘用的陶土烧制的大钵头，发酵用的大陶缸等。其中，用于发酵的大陶缸，平时不酿酒时只能用于贮存晒干的谷子、大米或无杂味的干货，不能另装其他物品。

如果某一次，酿酒时不小心，这缸酒已经坏了变酸了，这时就得将稻草灰（将稻草烧成灰）用水煮开后，装满大陶缸，浸泡一周后清洗干净，再浸泡再清洗干净，这样反复几次后，大陶缸才可再用。也可用一种生长在湿地、本地群众称之为“辣薯籽”（学名辣蓼）的草药去熏几次，才能再用。

其次，在酿造酒的过程中，每一道工序都特别讲究。在糯米品种的遴选中，要选择黏性特别好的，它的出酒率较高。而且最好选择糙米。传统上，这种糙米是用谷砻加工成的。这种谷砻，外层是竹篾，里层用经反复加工的、黏性较强的黄土舂实，再用长一寸半、宽一寸的竹片烘干后排列有序地镶嵌成上下对开的槽，靠人工推石磨，使谷子的壳和米分离。由于有表皮这一层粗糙的皮裹着，在发酵的过程中，米可以彻底发酵，酿出的酒也特别清澈，最后只剩下表皮成“酒糟”了。

糯米加工好了，还得经过许多工序。

第一道工序是：浸米。糯米要用清水浸泡至少 4 个小时以上。冬天天气寒冷时，泡上一天也没有关系。

第二道工序是：蒸酒饭。糯米浸泡好、冲洗干净以后，捞起沥干，用一种杉木制的、农村中用于蒸饭的饭甑将米蒸熟，或者用炊具将糯米炊熟亦可。

第三道工序是：扒酒。即将蒸熟的糯米与发酵用的酒曲混合起来。同时，取出酒曲并把它捣碎，做好发酵扒酒的准备。酒曲是由传统秘方精制而成。

据传，酒曲是由经冬天霜冻后的桃树叶、肉桂皮、野生姜、细米糠皮等十多种材料粉碎后，制作成的小小的团或小小的方块。各家酿的酒曲多少斤米放一块酒曲，都有各自的标准，在市场卖时，会告诉买者。

第四道工序是：将搅拌好酒曲的糯米饭直接装入大陶缸中，并加上适量的水，用几层草纸和保鲜膜盖上后，用绳子扎紧进行密封，让它自然发酵半年或一年以上，即为上等好酒。

当然，这种家庭自制的米酒，在不添加水或添加较少的水时，只要没有变质，自然发酵的时间越长，酒就越醇香。时间长的，可保存十几年甚至几十年。

要注意的是，酿酒所用的水一定要干净。民间常用井水或山间的泉水作为酿酒的水源，则是上等的。如果是冬天酿“冬酒”，尽可能在冬至这一天加水，民间历来有“冬年加满酒”的说法。

第五道工序是：抽酒、煨酒。经过自然发酵后的酒，要用专门的工具把酒和酒糟分离出来，我们称之为抽酒。分离出的酒传统上是装在大陶缸中，在大厅里或专用房里，将谷壳堆放在四周，点燃后让它慢慢地煨上一两天，称之为煨酒。这样酿出的酒，特别醇香可口。

自然发酵至一年以上的酒，开缸后即可将酒舀出来喝。经过这么多程序酿造的客家米酒，清莹、甘甜、醇香。亲朋好友小聚时，如果搬出珍藏多年的米酒，则能使大家深深地烙下永久的记忆。

5. 偷卖酒曲的故事

纯子爸爸越说越来劲，纯子和妹妹也越听越觉得有趣。

纯子问爸爸：“这些事，你是从哪里学来的?”

爸爸卖关子说："你们猜猜？"

纯菲说："我代老爸回答你：'这肯定是书本上学不到的。'"

爸爸听了哈哈大笑了起来。

"如果你们还想听，我说些特别有趣的事。"爸爸接着说。要酿好酒，必不可少的是发酵用的酒曲。在物资匮乏的年代，用于酿酒发酵的酒曲实行按户供应。即使有足够的粮食可酿酒，也买不到用于发酵的酒曲。这样一来，就有人铤而走险，私下里偷卖酒曲。

曾有一位男子偷卖酒曲。不少人每年都从他那里买到了酒曲，他获利不少。

一次，他到县城去偷卖酒曲，不幸被工商人员逮了个正着。

那时，有关部门的执法不太规范，他们逮着这位偷卖酒曲的人之后，按当时的通常处置办法，用纸箱壳做一块简易的牌子，用毛笔写上"投机倒把，倒卖酒曲"八个大字挂在他胸前，责令他手中拿着一根木棍和一个脸盆，在县城从东门走到西门进行"游街示众"。

这位男子本来就比较油条，根本不在乎什么游街不游街的事。因此，他挂上游街的纸牌后，一边走，一边用手中的木棍敲打着脸盆，故意放慢脚步，把嗓门提得高高的，大声喊道："我偷卖酒曲，我偷卖酒曲！"

谁知，经他这一大肆宣扬，县城那些原本想酿一点酒自家用，但苦于找不到地方买酒曲的人，就知道了从他那里可以买到酒曲。于是，那些迫切而又大胆的人，就在他游街的过程中，写上一张小纸条塞到他手里，告诉他自己需要多少酒曲，什么时间送到某一地方去。那胆子小一点的，跟踪着，待他游完街后，找到他并告诉他自己住在什么地方，要多少酒曲，希望他给送来。

这次游街示众，对他来说无异于做了一次偷卖酒曲的活广告，生意反而越做越大了。因此，他经常在别人面前讽刺地说："感谢"让他游街示众。

这就是：

民生需要头等事，
合理需求要支持。
即使引导也有方，
莫让执法成笑柄。

6. 民间的酒故事

纯子兄妹俩越听越入迷，时间快到凌晨了，但是讲故事的爸爸不觉得累，听故事的纯子兄妹俩也不觉得累。爸爸就打算继续说那有趣的故事。

爸爸说：民间酿成酒的最佳期是农历的九月至十二月。这时期酿的酒叫"冬酒"。夏天因为天气炎热，一般的情况下是不酿酒的，但是如果遇到临时有急用，也是可以酿少量现喝的酒。有时，经长时间发酵的酒，酒味醇香，酒色变成褐色，民间说这是遇到"乌龙过缸"了。

爸爸说："我小时候，经常跟着奶奶睡觉，常常在入睡前听奶奶讲故事。'一根小竹叶沉沉，拿回家里做世情（办大事）。一身皮骨剥到尽，还有魂魄会迷人。'这是奶奶常打给我们猜的谜语，你们猜猜，谜底是什么？"

纯子眼睛瞪得大大的，迫不及待地想知道谜底。爸爸就是故意卖关子，不说。

纯菲说："这'一根小竹'，肯定是什么植物。'拿回家里做世情'应该是……"

爸爸："算了，我也不卖关子了，干脆告诉你们谜底得了。这谜底是：自家酿造的糯米酒。"

爸爸进一步解释这谜语说：这"一根小竹叶沉沉，拿回家里做世情"，是那成熟的水稻就像一根小小的竹子。明后天带你们到稻田里去看看。这水稻成熟了收割回家，不就是拿回家里"做世情"了？家家户户办人生的大事，少得了谷子吗？

"一身皮骨剥到尽，还有魂魄会迷人。"说的是将谷子加工成米的过程，不就是剥去它的皮骨吗？然后把糯米蒸成糯米饭后，酿造成米酒，人喝了醉醺醺的，不就是被它的"魂魄"迷住了吗？

于是，就有人写成了《家乡的酒》这首歌。歌词这样写道：

一根小竹叶沉沉，拿回家里做世情。一身皮骨剥到尽，还有魂魄会迷人。奶奶传给我的故事，是妈妈唱给我的歌，是香醇美味的家乡酒，是香飘十里的家乡魂。

一根小竹叶沉沉，拿回家里做世情。一身皮骨剥到尽，还有魂魄会迷人。当年送儿当红军，母亲将它紧紧地捧在胸口盼儿归。如今送儿去打拼，母亲含泪将它洒在家乡的村头祝福你。

啊，家乡的酒，家乡的酒，千杯万杯不醉人。

纯子和纯菲听得入神了。

爸爸又说，在民间，流传着许多关于酿酒的故事。

有一年的冬天，一位老人酿造了一大缸的酒，密封藏了几年才开缸。打开一看，酒呈褐色，非常醇香。老人大喜，遇到“乌龙过缸”了。于是，每次舀出给家人喝的时候，就使个眼色，大家谁也不吭声，只管喝酒就是了。每次舀了多少酒，就添回多少水。这缸酒一直喝了几年，酒色和酒味一点都没有变。

有一年的春天，农忙时节，老人请了女婿回来帮助耙田，准备插秧。午饭时，老人又从酒缸中舀出一壶酒招待女婿。不料，这女婿嘴快说：“这酒怎么这么好？每年来喝的都一样，好酒喝不完哪。”

糟糕，经他的“臭嘴”这么一说，这缸酒喝完后，再加进去的水，就不再是醇香可口的好酒了。

爸爸还听奶奶讲过一件她亲历的事：有一年的冬天，她自己酿了好几缸的酒并用谷壳煨了三遍，准备过大年时用来招待亲朋好友。大年初一的夜晚，全家都入睡了，她心想，明天是大年初二，按传统习惯，族中出嫁的女儿都得带着姑爷、儿女回娘家，看一看用哪一缸的酒好。于是，一手打着火把，一手掀开缸盖准备看一看。不料，酒缸盖轻轻地一掀，就蹿出一股深蓝色的火苗，“砰”的一声，火光直冲天井，把她吓了一跳。

这是因酿酒时水加得太少，酒精度太高，遇明火起的火苗。

7. 偷吃酒娘的故事

爸爸说，他自己也曾有一个关于酒的故事。

纯子一听便迫不及待地问了起来："啊，你也有酒的故事?"

纯非推了一下哥哥说："别打断，你听老爸说。"

爸爸继续说着：酒娘，甜味中带醇香，是男女老少都爱吃的。特别是刚从酒窖里拿出来的酒娘既甜又香醇可口，老人小孩都特别爱吃。若是用这种酒娘煮元宵丸或煮鸡蛋、鸭蛋，不仅可口，还富有营养。

有一年的大年初一，妹妹和邻居小孩子偷吃酒娘醉倒了。那是物质比较匮乏的年代，春节前由于粮食比较紧张，酿的酒不多，年前招待了几次客人，已经喝掉一些酒了。奶奶就在春节前赶着再酿了一缸酒。

除夕那天，奶奶就将酒娘移至楼梯下的角落里。大年初一上午，家中的大人们都忙着招待来拜年的人们。孩子们也趁着大年初一的好时光，在尽情地玩啊，闹啊。

到了中午准备吃午饭时，妹妹找不到了。我们就到处找。邻居们也一起帮着我们找，仍旧找不到。

正当大家着急时，奶奶却在准备清理饭桌吃饭时，在饭桌中间的夹层里发现了妹妹。

原来上午趁大家不太注意时，妹妹偷吃了酒娘，没有多久就醉了。

五、乡村趣事

饭桌文化很有趣，
座位秩序讲文明。
长辈先坐再幼小，
手中碗筷莫乱敲。
吃饭夹菜不乱翻，
好肉好菜要礼让。
五谷杂粮要爱惜，
颗粒归仓靠勤奋。
勤俭持家是祖训，
一年四季要努力。
一稻一粟皆为宝，
丰年要备歉年粮。

纯子兄妹俩这几天听爸妈讲了那么多乡村的故事，觉得在老家很有趣，就想趁着这次暑假的时间，跟着爸爸妈妈去走走。

（一）“跌鼓”的教育

爷爷觉得孙子孙女回到老家，村子里的乡亲们和亲戚的家里都要去走走，走亲访友，是中华民族传统的习俗。

可是爸爸妈妈说，他们出生在都市里，担心带他们去做客，不懂规矩，会“跌鼓”。

纯子听后好奇，问：“什么叫‘跌鼓’？”

纯菲打趣地说：“当然是‘鼓’丢到地上了，才叫‘跌鼓’。老爸，是不是这样？”

爸爸哈哈大笑，说：“就你这解释，勉强说对了一半。”

纯菲茫然了。

爸爸坐下来对兄妹俩解释说：这“跌鼓”，是我们家乡人日常生活中最常用的词。

家中或村子里有喜事或表演时，把鼓架在架子上或挂在胸前，用鼓槌来敲，“咚咚咚”，美妙动听。但是，当你不小心把鼓掉在地上时就会“扑通”作响，太难听了，对敲击者或表演者来说，就是不好意思，丢脸啦。由此，一代又一代的客家人将之拟人化，说人的脸就像是鼓，当你开心时，脸上非常阳光，很好看。当你伤心时，流下的两行泪，就像是鼓槌打在脸上，难看、丢脸了。

我们的客家祖先由此将“跌鼓”引申到家风家教中，形容人们做了不妥的事，会丢长辈和古人的脸。

因此，在我们客家的日常生活中，“跌鼓”一词被广泛地应用——

谴责时。当你做了不道德的事时，长辈会指着你的鼻子大声责骂说：你“跌鼓”了，太不像话了，全家的脸、祖宗十八代的脸都被你丢尽了！

反思时。当你去做没有把握的事时，可以反思自己的言行：这事这样做，是否妥当呢？在别人的眼里看来，会不会“跌鼓”呢？

自谦时。当你深思熟虑地操办了一件大事，别人伸出大拇指夸奖你说：“太棒了，你太有本事了，这事办得多体面啊！”这时，你可以自谦地说：“不好意思，这事没有办好，跌鼓哟！”

调侃时。当你和邻居或本家族的人在商议什么事时，出主意说要这么办或那么办的人不少。这时你可以调侃似的提醒说：这事得考虑成熟后再办，否则被别人笑话了，会“跌鼓”的！

教育小孩时。当你送小孩上学，或带小孩去做客时，你可以教育小孩说：去上学读书要认真，要尊重老师，不能和同学打打闹闹。去做客衣服要穿整齐，见了客人要热情地称呼对方。吃饭时年长者没有动筷子，你不能随意乱吃。记住这些，不然会“跌鼓”哟！

哄幼童时。当你在哄正在哭闹中的年幼孩子时，你可以半哄半吓唬地说：噢，乖乖，不能哭了，不能哭了，你看外面来了客人，被他们看到了会“跌鼓”哟！

长辈非常注重对孩子品行的培养。的确，在人生的成长中，道德品质的教育是非常重要的。古人就曾用“小时偷针，长大偷金”来形容一个人在小时候如果不注意培养良好的品行，长大后就有可能成为一个不遵守道德规范的人。

纯菲不好意思地低下了头。她想起来了，爷爷曾自编了一首《跌鼓歌》，要求孩子们在人生的成长中都要遵守。爸爸也将这首歌作为家庭教育的儿歌。但是，自己只会背，不理解真正的含义。今天经爸爸这么一解释，记住了：

人之初，性本善，

跌鼓事，切莫干。
穿戴齐，要干净，
整书包，备文具。
校园里，尊师长，
讲礼貌，懂谦让。
上课时，动脑筋，
同学间，相互帮。
放学后，快回家，
讲安全，不嬉闹。
回家后，帮家务，
勤洗澡，自动手。
遇客人，要热情，
端茶水，双手行。
吃饭时，坐端正，
不浪费，惜粮食。
平常事，虽然小，
做不好，会跌鼓。

（二）饭桌上的规矩

1. 鸡腿鸭腿的故事

鸡鸭只有两条腿，
鸡腿鸭腿只两个。

传统敬老也爱幼，

遇到人多得礼让。

纯子和妹妹跟着爸爸妈妈出门去做客，第一站就去了姑妈家。

姑妈是一位没有文化的农村妇女，勤劳善良，对农村里的农事生活非常熟悉。她的孩子们都在外地工作，她自己一人在家。

出门前，纯子的爸爸就告诉兄妹俩说，到了姑妈家要注意文明礼貌。比如，饭桌上的座位不能乱坐，要按老幼的位置坐，长辈还没有坐下来，小孩子不能上桌。

纯子问："那我们要坐在什么位置呢？"

"家家户户的饭桌，靠客厅面对大门的位置，是长辈坐的。孩子们一般都坐在靠墙的位置上。成年的晚辈得等长辈坐下后才能入座。吃饭时是不能用筷子去敲碗的。在祖上的餐桌文化教育中，都说'叮叮当当'地敲碗，会把'五谷神'赶跑，来年的收成会不好……"爸爸说。

纯子记得，小时候回老家，吃饭时一坐到饭桌，就拿起筷子大吃了起来，等爷爷奶奶坐到饭桌吃饭时，那菜碗里的菜被翻得乱七八糟了。后来，在爸爸妈妈的教育下，他才慢慢地懂事，等长辈坐下来后才上桌开始吃饭。

纯子还记得，有一年跟着爸爸妈妈回老家过大年，爷爷奶奶都让纯子兄妹俩吃鸡腿、鸭腿。刚回老家时，吃得挺香的。吃了两天，就感觉有点腻了，爷爷奶奶再给自己吃时，纯子就不高兴地大叫了起来："为什么老给我吃鸡腿！"

都说爸爸妈妈是第一任老师，在成长中，爸妈一有机会就给纯子和纯菲兄妹解释老家吃鸡腿和鸭腿的规矩。兄妹俩才明白，这吃鸡腿和鸭腿，是老家亲人们对自己的疼爱。

很快，就到了姑妈家。果然，姑妈得知爸爸带着纯子兄妹俩今天要来，特地杀了河田鸡，要给兄妹俩吃鸡腿。姑妈还蒸了爸爸最爱吃的年糕呢。

2. 请茶敬酒的规矩

客人上门要热情，
请茶敬酒有礼仪。
一手捧茶一手护，
请茶敬酒稍弯腰。
“七分酒”来“八分茶”，
相互敬酒要谦让。
长者敬酒心意到，
晚辈敬酒莫贪杯。

纯子和纯菲在姑妈家，受到热情的招待。刚到家，姑妈就请他们喝茶。一吃完饭，姑妈又给他们上茶。

小时候的他们，往往对这种礼仪不理解。于是，爸妈每次带着他们去走亲戚时，出门前都会教育一番。他们渐渐明白了，在中华民族的发展史上，民间请茶敬酒历来都有规矩的。

亲朋好友来做客，主人必定要泡茶招待，哪怕递上一杯开水，也有必要的规矩。

什么规矩呢？客人来了，递上一杯茶水，必须是一手递茶水，一手象征性地护着水杯，哪怕另一只手中端着水壶，也要热情地递到客人的面前。

客人在家里吃饭，或朋友们在外相聚，敬酒者，必定双手端着酒杯，或一手端着酒杯，一手象征性地护着酒杯向客人敬酒。敬酒者起身向长者敬酒时，自己手中的酒杯必须略低于被敬者的酒杯，以表示对被敬者的尊重。当然，被敬者，长辈可以随意，晚辈不能贪杯。

民间，对请茶敬酒还有“七分酒”“八分茶”的说法。说的是，给客人斟酒时，只能斟到杯中的七分，请茶时只能是斟到杯中的八分。除非客人有特别的要求，否则不能斟得太满或太少。

3. 嘘声的笑话

一日三餐是生活，
餐桌规矩切莫忘。
吃饭喝汤要安静，
切莫嘘嘘言语多。

纯菲兄妹小时候常会在饭桌上争吵。爸妈常常教育兄妹俩，在饭桌上吃饭时，不争吵任何事。有问题要解决，就在饭后进行。后来，随着年龄的增长，他们理解了爸妈说的，在我们中华民族的传统文化中，一日三餐的餐桌事宜，也包含着一种传统的文化。

当然，良好的习惯，是在成长中慢慢地养成的。

如今，兄妹俩在外出做客的过程中，对主人招待的饭菜，懂得了要以尊重的心态对主人的盛情表示感谢，更不能当着主人的面进行不应有的挑剔。在吃饭时，也要注意，不发出“嘘嘘”的声音。

爸爸还给兄妹俩讲过一个有趣的小事。有一次，爸爸陪一位远方的客人到老家采风。客人在喝汤时发出“嘘嘘”的声音，纯子奶奶心中一惊：客人牙痛？

晚上，奶奶特地煮了治牙痛的草药汤招待客人，还给客人介绍说，这草药是治疗牙痛的，一个劲地劝客人多喝一点。客人听后莫名其妙，弄出了一场笑话。

（三）奇妙的草药汤

1. 草药膳的妙用

房前屋后遍地草，
认识它，是个宝。
日常喝它防治病，
强身健体促成长。

纯菲这次回老家最大的收获，莫过于学植物保护的妈妈传授给自己认识的各种草药。其实，每次跟着妈妈回老家，她都会给自己传授这些知识，只不过自己不当一回事。这次回来，她真正接受了妈妈的传授。

妈妈说，老家传统上就喜欢药膳。每次回来都能听到人们说的“草头根子”。在老家，通常都称草药为“草头根子”。说它是草头根子，是一种非常形象的说法，因为有的草药是吃它的叶，有的是吃它的茎，有的是吃它的籽，而有的则是籽、叶、茎和根全都是入药的好材料。

有时，家中来了贵客，会用草头根子熬各种汤来招待。谁有个头疼脑热，熬上一碗汤喝下睡一觉就基本解决问题。

实际上，农村的房前屋后、山上田里，到处都长着绿油油的草，只要认识它，遍地都是可化为宝物的青草药。

比如肠胃不好，最常使用的草药是鱼腥草。

如果是生育过孩子的妇女身体不适，则可用各种祛风、补气、活血的草药，如红花益母草、巴吉藤、牛钩藤、红香藤、山枇杷根等。

如果是已婚男性身体不适，则可用各种活经络、壮筋骨、补肾等草药，如白花益母草、牛奶汁草根（学名黄花母根）、山苍子根等。

如果是老人年老体弱、睡不好，则可用补气、养血、调脾、安神的草药，如益母草根、大叶艾根、山苍子根等。

如果是小孩子疳积脾胃虚弱，则可用健脾胃、消食的草药，如疳药草、满天星等。

人们通过不断实践，积累了非常宝贵的经验。比如同样是这些草药，分别在什么季节里采根、采花或采全草，是有严格的区别的。在什么情况下，是用草还是用根，或者是用花，或者是用全草，也有着千差万别。即使是在煮的时候，什么草药要适当地添加些米酒，什么草药要加盐，甚至什么草药在什么时候喝，都有不同的药效。

这让纯子人开眼界。

2. 鱼腥草的妙用

几天后，纯子兄妹俩跟着爸妈来到姨妈家。

午饭时，热气腾腾的水鸭母汤上来了。姨妈热情地给兄妹俩各盛了一碗，还各给一个鸭腿呢。

纯子和纯菲知道，这是姨妈对自己的最高礼仪。但是，这汤里配的什么草药他们不懂，只觉得这汤很香，喝起来味道很好。

爸爸知道他们心里在想什么，就拿汤勺捞起那汤中的草药说：“哦，这是鱼腥草。这草药汤喝了清凉消炎，还有安神作用，好睡觉呢。”

姨妈听爸爸这么一说，笑了起来：“你离开家乡那么多年了，还记得这是什么草药?”

爸爸也笑了笑，说：“嗨，都是儿时留下的记忆，已经植入骨髓里了。”

是的，家乡人在日常生活中，使用最简单最普遍，也是最常见的方法，就是用各种草药治疗各种疾病，或调养身体。

纯子记得，有一年夏天回老家，也许是途中因为天气太热，喝了不干净的冷水，结果肚子痛。回到老家，妈妈就去抓了一把鱼腥草，洗干净后再用凉开水过了一遍，加了点酱油和醋当作一盘凉拌菜端上了饭桌。纯子吃了不少，肚子竟然就不痛了。当时只觉得妈妈是学植保的，会懂得多一些不奇怪。

没想到，在老家不少人都掌握了这方面的知识。

爸爸还说，他在家乡时，每年的端午节前后，都要到野外去拔鱼腥草来晒干。因为，端午节过后，这种草药就萎缩了，第二年春节过后才再长。不少人用晒干后的鱼腥草煲各种汤喝，可以调理脾胃，起着保健作用。尤其是将晒干后的鱼腥草与鱼一起煮汤，味道好，又起到保健的作用。

妈妈看爸爸说得来劲了，她也说起自己之所以上大学时选择植保专业，就是因为在老家时，培养了对植物的兴趣。比如，在外出或劳动中遇到不适，就地找到鱼腥草，采上一把叶子，放泉水中冲洗一下，放进嘴里嚼细后咽下就行。

说着说着，妈妈就念起了她自编的《鱼腥草汤头歌》：

鱼腥草，是个宝，
在农村，随地长。
城市里，也可种，
盆盆罐罐都可养。
一盆土，用水浇，
春种夏采速成长。
鲜叶可做凉拌菜，
晒干可做汤来煲。
可荤可素很简便，
绿色可靠又环保。
男女老少皆可吃，
防病治病促健康。

妈妈还介绍说，鱼腥草别名紫背鱼腥草、折耳根、猪鼻拱、九节连等，因叶子有鱼腥味而得名，它是中国药典收录的草药，夏季茎叶茂盛、花穗多时采摘回家，除去杂质晒干后，一年四季都可用。

鱼腥草属于野外自然生长的天然植物，在许多地方都有，也可人工种植。即使生活在都市里，也可用花盆栽种。鱼腥草味辛，性寒凉，能清热解毒、消肿疗疮、利尿除湿、止痢、健胃消食。现代药理实验表明，鱼腥草具有抗菌、抗病毒、提高机体免疫力和利尿等作用呢。

3. 上火了怎么办

大夏天，要出门，
骄阳似火猛如狼。
顶烈日，毒上心，
肝火上头急煞人。
不要怕，不用急，
乡村草药来调理。
清凉消炎用草药，
火气攻心用菊花。
可荤可素宜两用，
煮水煲汤均可喝。
早晨不宜午晚喝，
体弱老人宜少量。

纯子和纯菲在大夏天跟着爸爸妈妈走东家去西家，几天后就感觉有点上火了。

纯子说，他晚上做噩梦，睡不好。纯菲说，她口干舌燥，咽喉有点痛。爸爸妈妈想到一块去了，煲草药排骨汤。

爷爷奶奶也想到一块去了。于是，奶奶找来“一点红”，马上下锅煮汤喝。

吃晚饭时，纯子和纯菲各喝了一大碗。奇怪的是，他们都觉得这草药香醇可口。于是，就问这是什么草药。

爸爸说，这种草药是立春后就发芽，待春雷响过之后，就慢慢地露出地面了，夏天，它就长得旺盛。它一般生长在潮湿的土地上，因为开着一点一点桃红色的小花，因此学名就叫“一点红”。在农村里，是孩子们最好的保健品。

好奇的纯菲说，爸爸不学“植保”，怎么也懂这些？妈妈抢着说：“这是在农村里长人的人的优势。”

纯菲说，我也要去认识草药，争取今后每次回老家认识一种，日积月累，将来也会像爸爸妈妈一样，知道的不少。

第二天早饭后，爸爸就领着纯菲往村边的山垄田里走去。

可是，父女俩在地里找了半天，仅仅在一撮茂密的草丛中找到一株一点红草药。

在回家的路上，爸爸告诉纯菲说，其实在生活中，只要注意观察，一旦上火了，有许多方法可以调理。比如说，肝火大了，夏枯草、大白头翁、鬼针草、大青叶、六棱菊等草药都是适宜的。最简单的方法，可以到药店去买菊花，抓上一小撮或泡茶喝，或煮汤喝，都能起到降火、解除烦躁的保健作用。

纯菲点头表示，回去后要多向爸妈请教书本上学不到的知识。

4. 中草药的采摘

采草药，晒草药，
我不懂，怎么办？
别急别怕慢慢来，
一天认识一种草，
天长日久就不少。
掌握知识很重要，
小心识别要记牢。
青山大地遍地宝，
药膳保健身体好。

天下青草千百种，
采摘季节各不同。
有的春长夏才采，
有的夏长冬成材。
有的采根不采叶，
有的只采它的花。
有的只有叶才好，
有的全身都是宝。
若有机会到农家，
虚心请教认真学。

到家后，纯菲又向爸爸提出一个问题：中草药的采摘，都有哪些季节？爸爸谦虚地说，这方面还是你妈妈知道得更多一点。

这下轮到妈妈高兴了。她说，这是自己的强项。她耐心地讲解草药知识。

比如，益母草，是春节前后生长，农历三月前后开花收采。

益母草，顾名思义，是对女性有好处的一种草药。这种草也称为坤草、茺蔚，是历代医家治疗女性疾病的药。它辛、苦、微寒，具有活血调经、利水消肿、清热解毒的作用。在中医的临床上，多用来治疗月经不调、痛经、产后恶露不尽等。对于水肿尿少、疮疡肿毒者，也有一定的治疗作用。在民间，也把益母草当作保健品来用，女性辛苦时，抓一把益母草，杀一只小母鸡炖汤喝，就起到滋阴补气的作用。而且，民间还有女性喝红花益母草、男性喝白花益母草之说呢。

这种草药，如果长出叶子后采来煮汤喝，是降火的。开花后收采、晒干，它的性就不那么凉，成了滋阴益气的了。

不管是城市还是农村，空地上都能生长的车前草，是在农历的三四月生长，秋季才收采全草的。

车前草又名车轮菜，在城乡都比较常见。它有一定的利尿作用，能增加尿素、尿酸及氯化钠的排出。在临床药用上，可以使犬、家兔及人的水分排出增多。有医生认为，车前草对工作状态的胃有抑制作用，对安静状态的胃却没有作用，甚至还可以短暂性地增加肠液的分泌。它还使呼吸变深变大而慢，促进支气管及消化液的分泌。

不过，这种草药偏寒性，一般都是晒干后煮汤。如果是胃寒体质的人，可以在煮汤时，加一小撮大米一起煮，就不那么伤胃了。当然，对于胃寒的人来说，不管是煮什么偏寒性的草药，都可以在煮时加一撮大米，以便在降火的同时保护胃。

鬼针草是春天里生长，秋天开花后采收的。春天时可以采摘它的嫩叶当青菜炒，只不过吃起来有一点点的甘苦。炒的方法和炒各类青菜一样。秋天采摘时，采的是全草。煲汤喝时，可适当加骨头、瘦肉。

中医认为，鬼针草为中国民间常用的草药，性温，味苦，无毒，全草均可入药，具有清热、解毒、散瘀、消肿等功效，民间常用它治疗肠炎、痢疾等疾病。当代医学发现，鬼针草对血压具有良好的双向调节作用，高血压病人服了此药可使血压降低，血压偏低者用药后可使血压升至正常，医学临床则多用作降压。有中医认为，用鬼针草降血压不仅安全可靠，而且还可以避免某些降压药的副作用。

夏枯草是一种清热解毒的中草药。它是初夏生长，秋天采集全草。这种草药，有治疗目赤、肿痛、头痛的作用，还有清肝火、降血压、散结消肿的功效。在中医的处方中，很多清热解毒类的中成药里都有它的身影。民间，有很多人都喜欢用夏枯草来泡茶、煲汤，起到保健作用。

草药要严格按照它的生长季节采集。如果为了治病而服，一般不加盐或糖。如果作为“治未病”来调理身体，则可以根据自己的喜好，或加盐或加糖，甚至还可以加一点自家酿造的米酒。

不同的季节，在各种不同的煲汤食物中配上一点草药，就能起到食补和调理作用，这就是中药精髓中所说的“治未病”的原理。

不过，只有掌握好各种草药的药性和作用，才能放心地食用，否则不但起不到应有的作用，反而会起反作用，甚至有生命危险。

六、农事趣事

春雨惊春清谷天，
夏满芒夏暑相连。
秋处露秋寒霜降，
冬雪雪冬小大寒。
上半年来六廿一，
下半年是八廿三。
每月两节不变更，
最多相差一两天。
华夏文化几千年，
农耕文化传到今。

纯子和纯菲兄妹俩这次回来，觉得特别有趣，从爸爸妈妈那里学了不少平时在课堂上学不到的知识，引起了对农村生活和农事知识的兴趣。

他们非常想知道，这农村里的农事趣事，都有哪些？为什么在家里，爸爸妈妈只要一说到老家，就眉飞色舞，似乎总有讲不完的话题呢？

这不，爸爸妈妈说，今天要带他们到山垄田里去看看农民伯伯种的水稻。爸爸说，他自己也好多年没有到稻田里去了。

这是妈妈的强项。出门前妈妈就说，祖国的东西南北各地农村，都有自己的农耕文化。那一年二十四个节气，就是中华农耕文化的精髓。

爸爸反问纯子和纯菲，在学校学过这门课，老师还教大家背《二十四节气歌》呢，你们还记得吗？

兄妹俩面面相觑，谁也答不上来。

爸爸又说：“好了，不为难你们了。你们听：‘春雨惊春清谷天，夏满芒夏暑相连。秋处露秋寒霜降，冬雪雪冬小大寒。’”

妈妈抢过爸爸的话背了下半段：“‘上半年来六廿一，下半年是八廿三。每月两节不变更，最多相差一两天。’一年四季要勤劳，春播秋耕结硕果哟。”

纯子问：“老爸老妈，难道你们早就记熟了？”

纯菲接过哥哥的话，学着平日里爸爸对他们常用的训话样子说：“那是因为老爸老妈生活所需……”

妈妈说：“好了，我们谁也不要卖关子了，我们到山垄田里看看水稻再说。”

（一）农业的一年四季

农业耕作有四季，
各个季节要分清。
一分耕耘一分收，
春耕秋收是祖训。

爸爸开着小车，几分钟就到了种植着水稻的山垄田里。

这个季节里，上季的水稻已基本成熟了。看着那金灿灿的稻穗，纯子兄妹俩非常高兴。

妈妈说，其实以前回老家经常看到一片片金灿灿的水稻，只不过那时你们还小，还没有到学习农事的时候。

纯子好奇地问："谷子是直接播种在稻田里的吗？麦子的种植和水稻一样吗？都要施什么肥呢？"

听了纯子这一连串的提问，爸爸哈哈大笑了起来。

妈妈告诉他们说："谷子是要播在水田里，育成秧苗后，再拔起来插在稻田里的。北方的麦子，却是直接播种在干旱的田里种植的。"

纯子又问："这金灿灿的水稻，是可以酿酒的稻谷吗？"

1. 稻谷的品种

稻谷品种多又奇，
种植一年分四季。
籼稻粳稻早晚稻，
又分水稻和陆稻。
黏稻三餐吃不腻，
糯稻只能搭配吃。
要想自家酿米酒，
只能选用糯稻米。

纯子的提问，让妈妈哈哈大笑了起来。

阵笑声之后，妈妈说：水稻品种有许多。在我国，大体可分成四大类，即籼亚种和粳亚种、晚稻和早稻、陆稻和水稻、黏稻和糯稻。我们南方一日三餐吃饭的大米，以黏稻为主。那酿造米酒的是糯稻。

在植物学上，又分成籼稻和粳稻。籼稻适合南方种植，粳稻适合高寒地区种植。

晚稻和早稻的区分，主要区别在于栽培的季节、气候、环境的不同。

水稻和陆稻的区别，在于两者的耐旱性不同。水稻，顾名思义，要种在水田里，陆稻则是种在缺水的干旱地区。

黏稻和糯稻的区别，在于它们米粒的淀粉结构不同。黏稻含70－80％的支链淀粉和20－30％的直链淀粉。糯稻几乎全部为支链淀粉。

各个季节种植的水稻，又按成熟期分为早熟、迟熟和晚熟。按穗粒性状分为大穗型和多穗型。按株型分为高秆、中秆和矮秆品种。随着科技的发展，又分为杂交稻和常规稻等。

各地的水稻种植主要是根据本地区土壤和气候条件来确定。

比如，在我们老家，一般只种植籼稻，种植的品种也根据各自的需要，选择早稻、晚稻和单季稻，有的种植黏稻，有的种植糯稻。

妈妈还说，因为老家比较偏僻，小时候她看到的都是高秆品种，一年种植两季，但是产量都不高。在20世纪70年代后才慢慢地培育出矮秆、高产的杂交品种。

“噢……”纯子兄妹频频点头。

看到他们听了自己的讲解有收获，妈妈高兴地笑了。

2. 一年四季种什么

晚饭后，爸爸又给纯子和纯菲介绍农业的一年四季都种植什么。

纯子说："现在不都是大棚种植了？还要遵循一年四季的规律吗?"

爸爸摇摇头说，现在大棚种植的大多是蔬菜类，粮食作物，世界各地还都是在田地里种植。只不过比较发达的国家和地区，大多采用农场规模化的种植方法。当然，科学的发展是突飞猛进的，也许在不远的将来，可能有更科学的方法来种植粮食。

在我们国家，改革开放后实行农业生产责任制，土地分配给农民耕种后，以家家户户为单位从事农业生产。近几年，国家出台了土地流转的政策，引导规模化的农业生产。

但是，不管国家的政策怎么引导，农业生产和植物生长的一年四季的规律，还是要遵循的。

我们的祖先非常有智慧，几千年前就制定了一年二十四个节气。这就是立春、雨水、惊蛰、春分、清明、谷雨、立夏、小满、芒种、夏至、小暑、大暑、立秋、处暑、白露、秋分、寒露、霜降、立冬、小雪、大雪、冬至、小寒、大寒。

"春雨惊春清谷天……"聪明的纯菲，马上学着爸爸平时说话的方式，接过爸爸的话摇头晃脑地背诵："夏满芒夏暑相连。秋处露秋寒霜降……"

爸爸坐下来说，"立春"，是一年二十四个节气之首。"立春"的到来，标志着一年农事生产开始了。到了这个节气，农家一般都会以鸣炮来表示迎接一年农事的开始。农民们就要准备春播的种子，整理农事生产的工具了。

在南方，农业生产离不开水，“雨水”节气的来临，标志着天气开始进入雨季。农业生产的翻耕、备耕都需要有水。因此，农耕者在冬天的农闲时节，就得维修水库、水渠等设备。

“惊蛰”和“春分”节气，我们南方的传统农业耕作，民间有“懵懵懂懂，惊蛰落种”的俗语。说的是，各种植物要在这时候下种了。俗话说，一年之计在于春，一日之计在于晨嘛。每年的春节前后，长辈们就会在边喝酒边聊天的过程中，筹划着今年该种什么品种，哪一垄田该怎么耕作。在南方，玉米和高粱也是这个时候下种。

“清明”“谷雨”，是农忙的季节。该插秧的要赶在谷雨前插下去。刚插下去的禾苗，10 天左右的要施肥“追苗”，20 天左右要除草。这时的家庭主妇还得考虑自家菜地要种的作物也该种下了。在北方，玉米和高粱是这个季节种植。

这节气是非常奇怪的哟。如果早稻不在清明前插完，那必将影响水稻的收成。民间有在清明节气“前三后四”的习惯。就是说，早稻要在清明节气的前三天，最迟后四天插完。

“立夏”“小满”，是稻田的禾苗除草、施肥的季节。当年我们在老家参加劳动时，施肥方法推广“三结合”“三为主”：有机肥料和化学肥料相结合，以农家肥为主；基肥和追肥相结合，以基肥为主；前期追肥和后期追肥相结合，以前期追肥为主。在农作物的管理技术上掌握“五看”，即看天、看土、看肥、看品种、看苗，根据不同情况，灵活施用。与此同时，对水稻等农作物还推广“攻头、保尾、控中间”和分层施肥、配方施肥、营养诊断施肥的方法，对提高肥效、促苗生长、降低成本、增加单产，均收到良好的效果。化肥中，又以氨水为主。当然，传统的农家肥，含磷量高、肥力强、松软，能够给水稻提供肥效的同时，又改善土质。

“芒种”“夏至”，是农闲时节。这个季节也是山上蘑菇的生长季节，农民可以趁这个时机上山去采摘蘑菇。

说到上山去采摘野生的蘑菇，纯子兄妹俩都跃跃欲试。但是，爸爸告诉他们，上山采摘蘑菇，是完全凭经验的农事。首先，在什么山上长着蘑菇，只有那些经验丰富的人才知道，并不是所有的山上都能长蘑菇的。其次，山上的野生蘑菇种类非常多，不是所有的蘑菇都可以食用。也只有那些经验丰富的人，才知道什么蘑菇可以食用。

“小暑”“大暑”节气，田里的水稻已基本成熟了，准备着秋收秋种了。通常情况下，在水稻成熟期，农民要派有丰富经验的老农到各地去观察，按每一株稻穗的成熟达八九成为正常的收割期。完全成熟才收割，穗头最饱满的谷子掉在田里造成浪费。在南方种植的玉米和高粱，也是这个季节收成。

“立秋”“处暑”节气到了，晚稻的插秧必须抢在立秋日之前完成。这时为了赶季节，农民得起早贪黑地干。夏收结束，农民们串门互庆丰收，增进情谊，杀鸡宰鸭做米粄，互相邀请，情意浓浓。有时遇到天气干旱雨水太少，就会有不少水稻田改种地瓜，要抢在这个季节里种下去。

“白露”“秋分”时，夏收夏种的人忙季节已经结束，转入年度中第二轮的田间管理，除草、施肥、劈田坎。因为气候比较热，田间的草长得特别快。人们常常会在耘田的过程中，将拔下的可以喂猪的草带回家做猪饲料。

“寒露”“霜降”时节，正是晚稻抽穗扬花的“灌浆期”，如遇到冷空气侵袭，会影响晚稻开花授粉和正常结实，产生大量空壳秕粒而减产。有时，遇秋、冬、春连旱，地下水位显著下降，河流、水库干涸，既影响冬种作物的灌溉，又影响生活用水和来年春耕春种。在这个季节里，就得考虑修整农田水利设施。这时期，南方田里的农活已基本完成，只需最后一道“劈田坎”了，属农闲季节。而北方，则是小麦的下种期。

“立冬”“小雪”。这时期是秋季水稻成熟、收割的季节。冬季的油菜、小麦要种了。农业生产，讲究的是精耕细作，一般情况下，夏季稻灌浆后，将村庄附近稻田中的水排掉，待水稻收割后，进行翻冬、晒冬或冬种，这样有利于土地的休耕。水稻收割后，有的还可以种油菜、小麦。

“大雪”“冬至”也属冬闲季节。男人的任务是对已经收割的稻田用牛犁田进行翻冬，女人们则在翻冬后的稻田上进行“作田塍”。别小看这作田塍的活计，它是一项费力又得有技巧的农活。

首先，家家户户备有专门用于作田塍的工具。

其次，作田塍时，得先到田里将水全部排掉，并保持三五天的半干状态。水干些，田塍才好，同时不让人、猪和牛踩踏，才能让田塍坚硬起来。

再次，得先用铁铡从水田中捞起较硬的大块土往田塍上压。这一铁铡一铁铡的土往田塍上压是非常费力气的活，从田里搬起的土块越大，田塍就越结实。待整条田塍的土都压实之后，还要把它压平。有时，遇到田中的土太烂，得将铁铡伸到田中央去“调出”较硬的土块，或将田中表层的烂泥铲掉后再挖起底层较硬的土块。有时，遇到田塍与田间的距离太陡太小时，得用铁锏将田塍铲成有一定的坡度，才能将泥压上去。在这个寒冷的季节，要下到水田中去干这种活，是比较艰苦的。

“小寒”“大寒”时节，已接近年关了，这个时候农家都忙着筹划过大年的事了。这一年四季的农事，也就结束了。

当然，在这传统农业的耕作中，农具是非常重要的。传统耕作的农具有铁、竹、木、棕四大类，农具的加工大多采取“就地取材，就地加工、储备，就地供应，余缺调剂”的办法解决。

在日常劳动中使用的铁农具，主要是犁、耙、铁锏、锄头、镰刀等，竹农具主要是谷箩、谷笪、畚箕、谷筛、斗笠等，木农具主要是尿桶、斗楻、风车、扁担等，棕农具主要是棕绳、蓑衣等。我们家乡的斗楻、谷笪、风车、谷箩、畚箕、谷筛、斗笠和蓑衣，属客家传统工艺的产品。

说完爸爸又摇头晃脑地说：

农业生产有节气，
切莫随意莫偷懒。
种植精心勤为本，
尊重规律和经验。

3. 水稻的种植

白米饭，香喷喷，
一日三餐都不离。
秧苗变成白大米，

粒粒谷米都艰辛。
水稻小麦都是粮，
种植方法不一样。
南方水多宜种稻，
北方干旱宜种麦。
水稻育秧再分插，
除草施肥好几茬。
小麦点播不再分，
基肥除草要精心。
稻菽谷麦都是粮，
精耕细作才收成。

从山垄田里回来，肚子有点饿了。一进家门，奶奶就端出香喷喷的饭菜。吃着白花花的大米饭，妈妈说，老家的大米饭是最新鲜的，刚从稻田里收获的早季稻，特别香。

爷爷说："我们南方人都习惯吃大米饭。我们又都吃自己种的大米，吃起来更是香哟。"

"那你们知道这水稻是怎么种出来的吗？"爸爸反问孩子们。

"把谷子撒在稻田里呗……"纯子说。

大家听后都笑了。

接下来，妈妈为他们开了一场"专题讲座"——水稻的种植。

妈妈说，我们南方，在"惊蛰"这个节气，就要着手上半年水稻的种植了。水稻要备耕、播种、育秧、插秧、施肥管理，才会抽穗、扬花、收成。

在播种之前的备耕，就是把播种的秧田准备好，要用牛反复耙烂、耙平，通过人工将田整成畦，趁田里的泥浆尚未沉淀时，施足基肥，再把已发芽的谷种播下，撒上一层草木灰，以防谷种浮在泥浆的表层被小鸟吃掉。

传统的选谷种是头一年派人到已经成熟的水稻田里，采取手工采摘稻穗的办法，将比较成熟、饱满的稻穗一穗一穗地抽下，收集晒干后再收藏。

育秧方法，是将谷种装在谷箩里用稻草覆盖后，再用圳沟水或塘水浸种催芽。当温度不够时，用人工加温的温水浇灌催芽。也有将浸泡的种子堆好，盖上一层稻草后用“牛栏粪”堆着催芽。待种子发芽至两三厘米时，再播撒到秧田让它自然生长。

这种催芽方式，谷子的发芽率比较低，加之播到秧田里后，如遇低温寒流，烂种烂秧的可能性较大。

种植水稻靠的是精耕细作，秧苗的好坏，直接关系到水稻的分蘖、抽穗、扬花、灌浆、结实，关系到水稻的收成，因此，农民对育秧非常重视。俗话说：“秧好半年禾，苗好产量高。”

种子播下 10 天左右，秧田里就长出绿色秧苗了。这时，每隔三五天，得用尿水进行浇灌，促进秧苗的成长。一个月左右，秧苗就长到 30 厘米高了。

秧苗育好后，就要移植到水田里。用人工一撮一撮地把它拔下来并用稻草捆扎好，我们称之为“脱秧”。

在脱秧时，一定要将秧苗根部的泥冲洗干净，并用手指把秧苗的根拨散，再挑到田里一小撮一小撮地插下去，称之为插秧，也叫“莳田”。

插秧，是一门既辛苦又有较高技术要求的活，弯着腰在田间劳动一天，到收工时，确实累得直不起腰。

秧要插得好，必须具备几个要求：

一是左右手配合要非常协调。左手抓着一把秧苗，用手指均匀而有规律地一撮一撮地分拨，右手则非常利索地往田里插。

二是在左右手的默契配合下，插下去的每一丛秧苗，在数量和深度上都必须非常均匀。

三是株与株之间的横竖间距是有严格要求的，每株的横竖间距必须非常均匀。

四是每株的横竖必须整整齐齐，凭你横看、竖看都如一条线，直直的，就像是用大笔在田里画的方格，整齐、笔直。

古人曾写过一首诗，生动而富有哲理地描述春天插秧：“手把青秧插满田，低头便见日中天。心地清净方为道，退步原来是向前。”

后来，推广“温室催芽”和 5406 菌肥拌种催芽、卷秧、温室蒸气育秧等。

再后来，又发展铲秧和薄膜育秧等，人们就不用再脱秧了。

20 世纪 70 年代初期，全国各地都曾派人到中国杂交水稻的“伊甸园”海南岛去学习杂交水稻的制种技术，专家们在那里教大家学习“恢复系”与“不育系”的杂交育种方法，教授如何掌握水稻育种“一期看不见，二期有毛尖，三期毛丛丛，四期一厘米，五期粒粒现，六期叶枕平，七期穗苞见，八期穗抽出……”的育种方法。

时代进入新千年后，推广“抛秧”的方法。每一亩地所需的谷种，采用制好的“塑料秧盘”，其中“杂优”按每一小丛 3 株左右的规格定好，铺上从田中捞起的烂泥浆，按每个小方格播撒，盖上塑料薄膜。每亩稻田一般按40盘的量播种。待秧苗长到一寸半左右，人站在田埂上抛到田里。接下来的田间管理，使用除草剂等化学药物。

这样虽然省事多了，但是造成过量使用除草剂和化肥，给土壤留下了残留物。

以前，种植水稻用的是农家肥。什么是农家肥呢？就是人们的大小便和用传统的方法养殖的家畜的粪便，经过人工加工发酵后，一担一担地挑到田里去施肥。

后来科学发展，有了化肥，就逐步以化肥代替了农家肥。

但是，传统的农家肥除了肥力强，还能对农田进行土壤改良。

接下来，对水稻管理，不仅要施肥、除草，还得管水、管肥、管病虫害的防治。

传统上，田间除草称为“耘田”。耘田时，人们拿一根长长的耙子，站在田里，将杂草除掉。耘一次田，就得施一次肥，耘田施肥要反复好几次。

进行田间管理的同时，各种病虫害也随之而来。水稻的病害主要有稻瘟病、白叶枯病、纹枯病等。虫害主要有螟虫、稻飞虱、稻叶纵卷叶螟、稻苞虫等。

小暑、大暑季节，水稻成熟，准备着秋收秋种了。传统上有“小暑小吃，大暑大吃”的说法。说的是，小暑时，早稻已基本成熟，而大暑时，早稻已完全成熟了。

谷子收割回来，晒干后就是粮食了。再将谷子加工成大米，就是现在吃的白米饭。

在那粮食比较紧张的年代，饥荒的农民将才六成成熟的水稻抢先收割一部分，称之为“杀青”。农民将这种“杀青”的谷子，有的是连谷壳一起用“水碓”碓成粉后，再做成“米粄”吃。有的是将这种谷子用水在大锅里煮熟后再晒干，称之为“炸谷”。

妈妈说，现在大家一日三餐，吃的都是精加工的大米。其实，传统上的糙米才是真正的绿色环保食品。因为，糙米能提高人体免疫功能，促进血液循环，还有利于预防心血管疾病和贫血症。它还保留了大量膳食纤维，可促进肠道有益菌增殖，加速肠道蠕动。膳食纤维还能与胆汁中的胆固醇结合，促进胆固醇的排出，从而帮助高脂血症患者降低血脂。还能帮助人们消除沮丧烦躁的情绪，使人充满活力。

纯菲听了妈妈的介绍，建议这次回家时，要带糙米回去。

4. 小麦的种植

我说说，你猜猜，
稻田里，一大片，
绿油油的是什么？
郁郁葱葱像是草，
也像香葱或韭菜。
不对不对你不对，
那是麦苗能成粮。

纯子兄妹俩听了妈妈的“讲座”，又提出一个问题：在学校就曾听老师说过，麦苗韭菜很难分，想到实地去看看。

妈妈笑着说，南方因为水量充沛，以种植水稻为主。北方却因干旱，以种植小麦、玉米和高粱为主。当然，在我们老家，偶尔也种一些小麦、玉米和高粱，那只是附属作物。

就说小麦吧，它是一种在世界各地广泛种植的禾本科植物，它也是人类的主食之一，磨成面粉后可制作面包、馒头、饼干、面条等食物。小麦还是酿造啤酒的主要原料，也有用小麦酿造白酒或制成酒精。

小麦富含淀粉、蛋白质、脂肪、矿物质、钙、铁、核黄素、维生素等。小麦是三大谷物之一，分冬麦和春麦。冬麦秋天时播种，种植在温带地区。春麦则春天播种，生长在有长冬的地区。

麦子又分为小麦和大麦。我们通常将长着长长的芒、将麦粒裹得较紧的麦子称为“大麦”，将芒长得短短的称为“小麦”。

小麦要高产，种是基础，管是关键。冬小麦从出苗到越冬是营养生长时期，生长特点主要是出叶、生根、增蘖。这个时期植株制造的营养物质一部分供幼苗生长，一部分贮藏起来供越冬和春季返青生长。

相对于水稻，小麦的管理较粗犷，下种后施足基肥，无须另外再育苗。在我们南方种植小麦，也不像水稻那样，要反复地除草施肥。

当然，小麦的发芽初期，有点像野草。长到两个月后，又有点像菜地里的韭菜。因此，生活在都市里的人，辨别不清，一会儿觉得它像草，一会儿觉得它像韭菜。这只能靠生活经验来辨别。

5. 高粱的种植

高粱原本属五谷，

南方较少北方多。
南北气候差别大，
种植时间各不同。
虽然南方也种植，
仅作附属的杂粮。

纯菲看到村头的菜地种了一些高高的，有点像茅草，又不太像茅草的植物，就问妈妈说："那是什么植物?"

妈妈说，那是高粱。高粱在北方比较干旱的地区，是人们的主粮。在我们南方地区，仅仅作为杂粮来种植。比如，有的农家种植一点，是为了酿酒时作为配料，酿出来的酒的颜色比较黄。

高粱是用种子繁殖的，春节后先播种。在南方，习惯育秧后移栽，而北方则按行距 50 厘米开沟，进行点播，间距约 20 厘米，播后盖土，不再移植。

田间管理则是待出苗后，中耕除草 2—3 次，结合中耕除草，将过密的苗间掉。追肥 1—2 次，肥料以氮肥和厩肥为主。

说到这里，妈妈笑了笑说，她想起自己儿时的开心事。

妈妈说，高粱的秆含糖分较高，儿时由于物质贫乏，放学后常常和小伙伴跑到别人的地里去，趴下就往那高粱的茎秆咬一口，遇到甜的，拔了就跑。遇到不甜的，就放弃再找。被咬过的高粱，都成了"废物"，不能再结高粱了。

高粱，俗称蜀黍、红粮、芦稷、芦粟等，是我国传统的五谷"稻黍稷麦菽"之一，属于禾本科高粱属一年生草本，是古老的谷类作物之一。

种植高粱的主要产区，集中在东北地区、内蒙古东部及西南地区的丘陵山地。按其性质分，有粳性和糯性两种。按籽粒的颜色分，有黄色、红色、黑色、白色、灰白色、淡褐色五种。

高粱是酿酒、酿醋、提取淀粉、加工饴糖的原料。中国的名酒如茅台、五粮液、泸州老窖、汾酒等都以红高粱为主要原料。高粱的茎秆可榨汁熬糖，农民叫它“甜秫秸”。

高粱的果实称为高粱米，含脂肪及铁较大米多。主要营养成分，有粗蛋白质、粗脂肪、碳水化合物、粗纤维，以及钙、磷、铁等微量元素和维生素B族。

中医研究，高粱味甘、性温、涩，入脾、胃经，有一定的药效，具有和胃、健脾、消积、温中、涩肠胃、止霍乱的功效。含有单宁，有收敛固脱的作用，患有慢性腹泻的病人常食高粱米粥有明显疗效，但大便燥结者应少食或不食高粱。

6. 玉米的种植

玉米在抗争：
我本属五谷，
出生在北方，
三餐的主粮。
来到南方后，
把我当杂粮，
摆不上桌面，
常常当菜用。

妈妈才说完高粱，纯子又指着旁边的菜地说：“那高高的包着一个一个‘仔’的是什么呢?”

妈妈笑了起来:“这就是你喜欢吃的玉米棒子呀。其实不能怪你们,每年带你们回来,都没有认真地带你们参观农田。”

玉米属禾本科玉蜀黍,是一年生草本植物,又名苞谷、苞米棒子、玉蜀黍、珍珠米等。原产于中美洲和南美洲,是我国北方地区的主要粮食。

玉米既可磨粉,又可制米。玉米粉没有等级之分,只有粗细之别。玉米粉可制作窝头、丝糕等。玉米粉中的蛋白质不具有形成面筋弹性的能力,持气性能差,需与面粉掺和后方可制作各种发酵点心。

用玉米制出的碎米叫玉米糌,可用于煮粥、焖饭。尚未成熟的极嫩的玉米称为“玉米笋”,可用于制作菜肴。

近年,经科技人员攻关,市场上出现了一些“新特玉米”,如水果玉米、糯玉米、爆裂玉米等。

与传统的水稻、小麦等粮食作物相比,玉米适应性强,具有耐旱、耐寒、耐贫瘠的特点。它的营养价值较高,既是优良的粮食作物,又是畜牧业、养殖业的重要饲料来源,还是食品、医疗卫生、轻工业、化工业等的不可或缺的原料之一。

玉米资源极为丰富,又廉价、易于种植,还具有许多生物活性,如抗氧化、抗肿瘤、降血糖、提高免疫力和抑菌杀菌等,具有广阔的开发及应用前景。

玉米具有很高的营养价值,富含脂肪、蛋白质、碳水化合物、粗纤维、钙、铁、磷、核黄素。其中维生素含量是稻米、小麦的5—10倍,所含的核黄素对人体十分有益。

据《本草纲目》记载:玉蜀黍种出西土,甘平无毒,能调中开胃。因此，经常食用玉米可延缓人体衰老，增强人的体力和耐力。现代医学研究证明，玉米果糖浆能防止牙龈出血，对心血管疾病的治疗具有辅助功效。将玉米变性淀粉涂于人体烧伤处，可使患处不产生疤痕。

玉米淀粉还是良好的生产青霉素的培养基。氧化后的玉米葡萄糖制成的山梨醇膏，可用于制备抗坏血酸片剂。

玉米还有美容瘦身的作用。与大豆、小麦相比，玉米的脂肪、蛋白质含量较低，碳水化合物含量较高，因而玉米制品越来越受到健身以及减肥人士的青睐。

7. 番薯的种植

番薯番薯哪里来？
是籽是瓜还是藤？
你别急来你莫问，
听我慢慢告诉你。
曾经出生在海外，
别名地瓜和红薯。
育苗繁殖靠块根，
种植收成靠藤结。
结瓜只依三四节，
趴在一块结成堆。
种植方便又耐旱，
下足基肥不要管。
三四个月就收成，

既当粮食又当菜。
生当水果很甘甜，
熟食抵制癌细胞。
性凉健胃又益气，
富含蛋白维生素。
老少皆宜保健品，
还可烘烤成薯片。

吃晚饭了。奶奶特地到菜地去挖了番薯，还摘了一把较嫩的番薯叶来当菜。她知道，生活在都市里的孙子孙女，也许对番薯会感兴趣。

纯子妈妈看到饭桌上蒸好的番薯，就告诉纯子兄妹俩说："你们知道吗？这个季节还不是番薯收成的季节，是奶奶特地去挖的。"

纯非好奇地问："番薯也有收成的季节？"

"当然，凡是植物，都有它的生长季节。"妈妈稍稍停顿了一会儿，又说，"你们知道吗？番薯是怎么传到我们国家来的？番薯是长在藤上，还是长在土里？"

纯子摇了摇头，看着妹妹，妹妹干脆说："好像听老师说过，忘记了。"

爸爸说："待吃完饭，让学植保的妈妈给你们开一场'专题讲座'。"

"好。"妈妈响亮地答应了。

晚饭后，妈妈说，这场"讲座"就在饭厅里。纯子和妹妹快速地配合收拾好碗筷，静静地坐下来。

妈妈的讲座开场了。

她说，番薯是由一位爱国华侨历尽艰辛，将番薯藤藏在竹筒里，躲过居住国的检查，从东南亚带入我们国家的。

番薯，也有人称它为山芋、地瓜、红薯等。番薯味甘性凉，健胃益气，含有丰富的纤维质，有助于排便。含有大量的糖、蛋白质、各种维生素以及抑制癌细胞生长的抗癌物质，因此，是现代人们极好的保健食品。

番薯是块根植物，种植时利用块根育苗繁殖。种植番薯时，要先将番薯插在土里让它发芽，长出的苗达到一定的长度后，摘成一段一段的，然后再种在土里，施上基肥，100 多天就可以收成了。当然，其间还要对番薯苗进行除草等管理。

纯子听妈妈说番薯也要施肥，便问："要怎么施肥？施什么肥呢？"

妈妈说：番薯的种植，一是耐旱，在比较缺水的地区，就当作主要粮食作物来种植；二是在管理上，如果种番薯时施的肥料比较充足，在接下来的管理中，只需除草就行了；三是番薯属于块根植物，如果要让番薯产量高，就得要翻动苗，不让它在每一节的藤上都长块根。

"那番薯是结在什么地方呢？是藤上还是挂在枝上？"善思考的纯菲又发问了。

妈妈笑了，觉得对于没有生活在农村的他们来说，在思考中提问题是好事，因此，就耐心地给他们讲解番薯的种植。

妈妈说，种植番薯时，要挖高约 50 厘米、宽约 40 厘米的畦，在畦中间挖一条约 10 厘米的小沟，然后将番薯苗每间隔 10 厘米左右放上一株，施上基肥，再用土将每株番薯苗的前三节盖上。日后苗长好了，这三节就结番薯。后两节让它露在外面，吸收阳光后长苗，起到光合作用，这样根部才能结块根，即地瓜。

如果种番薯是想让它结块根的，在平时就不能去摘叶子。如果摘了番薯叶来当菜吃，那番薯藤就不结块根了。当然，现在都市里卖的番薯叶，是纯粹摘叶当青菜、不结番薯的。

收获番薯后，可以当作水果一样生吃，甘甜生脆。不过，生番薯比较硬，吃多了牙龈会胀痛。番薯可以用来制作番薯干和番薯片。烤番薯则是人们普遍都喜爱吃的东西。

吃不完的番薯，可以用来喂养家禽。番薯叶和茎是猪和牛最爱吃的饲料之一，或新鲜或晒干，它们都爱吃。

此外，番薯还可加工成粉，提取的淀粉在工业上广泛应用于纺织、造纸、医药等方面，也是饮食烹饪中芡粉的主要原料。当然，番薯淀粉还可加工成粉丝、糕点、果酱等食品。

8. 蔬菜的种植

蔬菜种类有许多，
一年四季吃什么？
豆类瓜类是蔬菜，
薯类植物也是菜。
春季里，蔬菜多，
空心菜、小白菜，
还可种植甘蓝菜。
番薯叶，也是菜，
种植时间不一般，

春天种下到夏季，
一直吃到秋天里。
夏季里，豆类多，
黄瓜葫瓜和南瓜，
还有诱人西红柿。
秋季里，菜果多，
白菜青菜品种多。
冬季里，菜单调，
包菜花菜和芥菜，
还有萝卜和芹菜。
如今科技发达了，
大棚菜，品种多，
不受季节的影响，
丰富餐桌生活好。

纯子和妹妹在老家，感觉餐桌上的食品新鲜味道好，品种多。

妈妈说，种植蔬菜有传统习惯的问题，还有土壤和气候的原因，各地种植的品种各不同。

纯子问："那老家这里一年四季种植的都是什么菜呢？"

妈妈说，有的蔬菜品种因为土质和气候的原因，在这里就是想种，也不一定在自然条件下能种成。当然，用现代农业设施来种植，又是另外一回事了。不过，天然种植的蔬菜就是最好的绿色环保食品，古人说过，"一醉第三桥畔酒，佳蔬菜史美鱼虾。"

在我们南方地区，种植的蔬菜大致可分以下品种。

根菜类：主要有白萝卜、胡萝卜、芥菜头等，这些都是冬季种植的。

白菜类：主要有各种大白菜、小白菜、花瓶菜、甘蓝等，这些是秋季种植的。

绿叶蔬菜类：主要有莴苣、芹菜、菠菜、茼蒿、苋菜、蕹菜等，也是秋冬季种植的。

葱蒜类：主要有大葱、香葱、洋葱、大蒜、韭菜等。这一类，基本上都是秋冬季种植的。但是香葱和韭菜，春季也能种植。

瓜类：主要有南瓜、黄瓜、冬瓜、节瓜、西葫芦、苦瓜、丝瓜、佛手瓜等。当然茄子也可加入这类。它们基本上都是春季种植、夏秋收成。但是，黄瓜、西葫芦、苦瓜和丝瓜的生长期较短，一般到了夏季就结束了。

豆类：主要有四季豆、菜豆、豇豆、豌豆、蚕豆、扁豆等。除了豌豆、蚕豆、扁豆是冬季种植之外，其他的豆类都在春季种植。

薯芋类：主要有马铃薯、芋头、淮山、大薯等，基本是春季种植，秋季才收成。

水生菜类：这类菜，是生长在沼泽地区的蔬菜品种，主要有莲藕、茭白、慈姑、荸荠等，也基本上是春季种植，秋冬季收成。

此外，食用菌类的蔬菜，主要有蘑菇、金针菇、香菇、木耳、银耳等。但是，这类蔬菜因本身不含叶绿素，不能制造有机物质供自身生长，必须从其他生物或遗体、排泄物中吸取营养。如果在野外自然生长，需温暖、湿润、肥沃的营养基，如牲畜粪便、棉籽壳、植物秸秆等。因此在夏天、秋天和冬天都有各种菌类生长。但人工种植的，则一年四季都可以。

在我国，土地广袤，各地的气候和土壤性质不同，南北方蔬菜生长季节差异较大。适合北方种植的蔬菜品种也十分繁多，不少在南方能种植的蔬菜，北方也基本上能种植。

9. 营养丰富的大薯

年初种下一块薯，
年底收获好几斤。
一根大薯收回家，
可汤可炒又可焖，
还可磨成大薯浆，
是煎是炸凭你意。

听完妈妈关于蔬菜的讲座之后，纯菲说："去年回老家过春节，在姨妈家吃了大薯和用大薯磨成的浆后炸的大薯丸，还煎成大薯粄，非常好吃。"

妈妈说："姨妈家种的大薯，是一种高级的食品。这种大薯既可以做菜，也可以做充饥的粮食。将大薯磨成浆，或煎或炸的薯丸和薯饼我们都喜欢吃。"

爸爸连忙说："这不奇怪，我们的古人就说过，'孔子爱食蔬菜羹，羹中无酱必不食'。那'羹'就是浆嘛。"

大薯，又叫脚板薯、紫山药、参薯等，在我们南方大部分地区都能够种植。它又分为红薯和白薯。相比番薯，大薯要低调得多，平时在市场上也挺少见到有售卖的。

大薯在栽培时，要选择光照充足、地势较高、排水通畅、土层深厚、土质疏松、保肥保水能力强、富含有机质、无大块石砾的土地种植。

大薯既可以单独种，都可以与花生、玉米等农作物混合种。在农村，房前屋后的闲地上都可以种。它是藤缠绕着树枝往上长，根部形成块根，老人小孩或体强体弱者，人人都可以吃，性质与市场上的淮山相同。但生长期较长，要种一年才收成，因此没有耐心或怕耽搁土地的人，不太愿意种。

种大薯的季节是惊蛰的前后。它不需要特别小心地留种，只需切下一块五六平方厘米、2 厘米厚的小薯块，将切口沾一下草木灰或放在太阳底下晒一晒，就可种下了。

不过，种大薯要选择土质比较松软的地。因大薯是往下长的，因此每株穴要挖得很深。最好是挖成每 60—80 厘米为一畦，间隔 50 厘米左右种一株。

种植时，每穴倒进一筐或一桶的“大肥”，然后将土盖在上面，再将切下的薯片表皮朝上，轻轻地压进土里，面上再盖上一把草木灰或鸡毛、鸭毛即可。约一个月后，薯苗就长出来了。若是遇到多雨的春季，烂种也是可能的。

大薯苗长出来后，在它的旁边插上一根约 2 米长的木棍，让薯藤缠着往上爬。之后如果施足了基肥，只要进行除草即可。

当然，这期间如果天气太干旱，最好浇水浸透一两次。有时也会长一条条三四厘米长的薯虫，得将它除掉。除这种薯虫的最好方法是用人工将虫一只一只捏死在叶子上，捉上一两次就行了。之后，待霜降季节的前后就可以挖薯了。

如果种在土质肥沃又松软的土里，一条大薯有可能就是七八斤。而且还可以当年不挖，留作隔年种，这叫“存年薯”。这种存年的老薯可厉害了，有时一条大薯就有可能收获二三十斤呢。

人们看着这收获了一大堆的大薯，真有一种古人“田夫荷锄立，相见语依依。即此羡闲逸，怅然吟式微”的感觉。

这就是长辈们说的“春天一锄头，冬天一碗头”的收获。

大薯不管在城市还是乡村，都是非常受欢迎的食品。它原是野生植物，后来转为人工栽培，是一种营养价值很高的食材。

首先，铜的含量高。微量元素铜，是人体各器官正常工作时的必需成分，能提高人的造血、免疫功能，维护中枢神经系统、血管、皮肤和骨骼，减少一些疾病的发生。

其次，大薯能补充人体所需的能量。大薯含有大量的碳水化合物，进入人体以后能转化成人体所需的能量，为大脑提供能源，也能加快人体中脂肪的代谢和排出。经常食用大薯，能提高记忆力，也能预防高血脂和高血压的发生。

再次，大薯能健脾止泻，补脾益气，对脾胃虚弱和消化无力者，有明显的调理功效。

专家研究证实，大薯还能为人体补充大量钙质，能有效减少骨质疏松的发生。

此外，在薯类品种中还有木薯。木薯原产于美洲热带，其块根可食，可磨木薯淀粉。木薯含有大量的淀粉和糖分，可做蔬菜、杂粮、饲料和制作淀粉、酒精等的原料，还可做面包。它以藤本进行繁殖，人们在收成季节里，将木薯秆用土掩埋起来，待来年春天再挖出来种植。木薯只要在种植时施足基肥即可，在后面的管理中，几乎不费劲。木薯的叶，还是养蚕宝宝的上好原料。

凉薯，也叫白地瓜，也是既可做菜，又可作为水果生吃的。9月份正是凉薯的收获季节，剥掉皮可以直接吃。它味道甘甜，饱含水分，还是解渴的好食品呢。

10. 种芋子

田里一大片，
那叶绿油油。
认真瞧一瞧，
秆粗又不高。
叶圆像斗篷，
又说不是莲。
种植一畦畦，
种荷不一样。

哦……
那是芋子地，
叶圆像荷叶。
芋子是杂粮，
营养极丰富。
既可当菜炒，
又可当杂粮。
如若做成粄，
“芋子包”最香。

纯子不太喜欢吃芋子，妈妈虽然觉得吃东西各有所好，不能强求，但还是觉得要说一说芋子，因为，芋子也是农事中缺不了的。

妈妈笑着说，其实芋子也是好东西。民间不少地方称之为“芋头”。芋子的营养丰富，含碳水化合物、淀粉、蛋白质和少量的脂肪，还含有钾、钙、胡萝卜素、维生素、皂角甙等。其中，氟的含量较高，对牙齿的保护具有很好的作用。芋子还含有一种天然的多糖类植物胶体，能增进食欲，帮助消化，有止泻的作用，同时又有膳食纤维的功能，能润肠通便，防止便秘，益脾胃，消瘰散结，可提高人的机体抗病能力，有助病后康复。

芋子的营养价值高，既可当粮食，又可做蔬菜。在我们南方，雨水充足，芋子大多种在稻田里。

芋子的品种不少，有生长期较短的“六月苞仔”，即春节后种下，农历六月就收成的早熟品种。还有生长期较长的迟熟品种如“槟榔芋”。种芋子时都是用那一粒粒的小芋子作种。芋子是往上长的，如果管理得好，收成时就一堆一堆地挖。因此，种芋子时，那穴就得挖得较深。

芋子不仅好吃，煮汤特别鲜，就连那新鲜的芋叶柄也可以清炒，又可以腌制酸菜。在民间，做芋子包和芋泥是最具特色的小吃。相传，林则徐在海外时，主人宴请，上了一道冰激凌。因冰激凌冒冷气，林则徐以为是烫的，吃下一口，才知道这是一道冰冷的食物，十分尴尬。回国后，林则徐就用传统的芋泥招待这些外国客人。客人不知道这芋泥表面没有一点热气，里面却是滚烫的，一口下去，被烫了嘴，同样十分尴尬。

不过，做芋子菜时要注意的是，刮芋子皮或切芋子时，有的人会引起皮肤过敏。这时，传统的做法是切块生姜片或用生姜汁轻轻擦洗即可。

妈妈还说，在我们南方，有的地方还种“魔芋”。

魔芋，属天南星科多年生草本植物的块茎，又名蒟蒻。魔芋味辛、性温，有小毒，不可生吃。现代医学研究发现，魔芋含蛋白质、葡萄甘露聚糖，还有葡萄糖、蔗糖、果糖等成分，营养价值高，可以降血压、降血脂、降血糖呢。

魔芋的形状与芋头有点相似。但是，它的吃法则完全不同。魔芋是要经过深加工成块后，或煮或炒，也可做成丝。加工后的魔芋块“很 Q”，爽口。魔芋丝清脆有嚼劲，可制成多样菜肴，还可以加工成糕、丝、片等各种食品。魔芋还可酿酒，也是减肥的好食品。

11. 种土豆

土豆土豆有奇用，
既可当粮又做菜。
春种秋收秋再种，
加工方便又耐储。
营养丰富老少宜，
保健食品宜多食。

纯子在一片农田里看到正开着白花的植物，问妈妈说：“那是什么?”妈妈说：“那是可以收成的土豆。”

“老家这里也能种土豆?”

“可以呀，土豆在许多地方都能种植。只不过，有的地区是当作粮食作物，有的地区是当作菜来食用。”

“哦……”

接下来，妈妈详细介绍了土豆。

妈妈说，土豆，又名马铃薯。它是茄科一年生草本植物，地上有茎、叶、花、果实和种子，地下有根、匍匐茎和块茎。

土豆，是一种营养丰富的农作物，富含淀粉、果胶、蛋白质、钾、柠檬酸、维生素、食物纤维等。据专家研究，常食土豆强身健体。土豆中微量元素钾很丰富，可以防止高血压。如果人们摄取的盐分比较多，会造成体内的钠偏高，钾不足。土豆是钾最理想的补充来源。

土豆中还含有维生素C，这种微量元素不仅对脑细胞具有保健作用，还能降低胆固醇，使血管具有弹性，起到防止动脉硬化的作用。

与其他富含钾元素的食物如香蕉、杏、桃一样，土豆能减少中风的危险，且无任何副作用。有学者研究指出，每日吃一个土豆，即可使中风的机会下降40%。

据说土豆还具有减肥的作用。因为吃土豆不必担心脂肪过剩，它只含有0.1%的脂肪。而且，每天多吃土豆可以减少脂肪的摄入，使多余的脂肪渐渐代谢掉。因此，吃土豆不必担心营养单一，有损健康。土豆含有的优质蛋白首屈一指，无论是营养价值还是保健功能，都不在黄豆之下。即便是人体需要的其他营养素如碳水化合物、各种维生素、矿物质等，它也比大米和面食更全面。

土豆的性平，有和胃、调中、健脾、益气之功效。食用它能改善肠胃功能，对胃溃疡、十二指肠溃疡、慢性胆囊炎、痔疮引起的便秘均有一定的疗效。

但是，土豆发芽，会产生一种叫“龙葵素”（又称“茄碱”）的毒素。质量好的土豆每100克中约含龙葵素10毫克，而变青、发芽、腐烂的土豆中龙葵素可增加50倍或更多。

因此，食用土豆时，最好在去皮后切成小块，放在冷水中浸半小时以上，使残存的龙葵素溶解在水中。我们还可利用龙葵素的弱碱性特点，在烧土豆时加入适量米醋，利用醋的酸性作用来分解龙葵素，起到解毒的作用。

烹饪土豆可是一门讲究技艺的事，烧煮时要煮透，利用长时间的高温，起到分解部分龙葵素的作用。

如果吃土豆时口中有发麻的感觉，则表明该土豆中还含有较多的龙葵素，应立即停止食用，以防中毒。孕妇若吃进太多的龙葵素，可能会使胎儿出现畸形，所以怀孕的孕妇在吃土豆时，应特别小心。

12. 葛藤的故事

葛藤满山长，
葛粉是上品。
营养真丰富。
清凉又解毒。

纯子跟着爸爸妈妈在野外跑，晒了太阳。晚上他说咽喉痛，奶奶就找出葛粉让他冲开水喝。果然第二天就好了。这葛粉到底是什么，比药物还管用？

妈妈就给纯子兄妹讲了一个关于“葛藤凹”的故事。

故事说的是，唐朝末年，农民起义军首领黄巢率军打到闽西的某县。群众急忙逃难。

在路上，黄巢军的将领看到一位妇人，手中牵着一个年纪小的孩子让他自己走，背上却背着一个年纪比较大的孩子。他不解，就停下问她为什么这样。

妇人回答说：“这背上背着的孩子是叔伯托付我带的，这牵在手里走的孩子，是自己生的。别人的孩子比自己的孩子更重要。”

将领听后，非常感慨妇人受人之托的责任感。就地摘下一段葛藤给她，告诉她不要外出逃难，回村子里去，回去后将葛藤挂在门前，同时告诉村子里的人，家家户户的门前都挂一小段葛藤，他会命令将士们，凡看到门前挂了葛藤的，都不能进户侵扰。

从此，人们称这个村子为“葛藤凹”。

纯子兄妹俩听后也感慨万千，觉得人的一生，守信太重要了。

接着，妈妈又给他们介绍说，据李时珍《本草纲目》记载，葛粉具有清热解毒、滋补营养、防暑降温、养颜护肤、清除体内垃圾之功效，对风火牙疼、口腔溃疡、咽喉肿痛、热咳、高热、头痛、皮肤瘙痒、痔疮、醉酒等有明显疗效。而且，对预防和治疗高血压、高血脂、冠心病、癌症等有特殊功效。

葛藤，又分人工种植和野生，因此加工成的粉也分为“野葛粉”和“葛粉”。不管是种植的还是野生的，葛藤的繁殖都非常迅速，一株就有可能会繁殖成一大棚。人们在挖葛藤或野葛时，看到那藤上结着一节大藤瘤，往往会一刀劈开，里面就有可能藏着一两只大白虫，捉回家去烤着吃，不仅非常香，且营养丰富。

那挖下的葛根，焖或煮熟，方便简单口感好。葛根磨成浆后用水冲洗，让其自然沉淀，就成了粉。

当然，野葛的价值更高，中医视它为“宝”。在民间，人们不仅将挖来的野葛切成一片一片地晒干，还把冲洗过的葛藤渣晒干当作凉茶用呢。

凡遇到头痛发热、咽喉肿痛的，将一汤匙的葛粉用冷开水调开后，开水一冲即可食用，既简单又方便。

13. 绿色环保的蕉芋

蕉芋种植很简便，
加工就要复杂了。
磨浆冲洗沉淀后，
晾晒加工都挺好。
蕉芋营养成分高，
真正绿色好食品。

一天早晨，纯子和爸爸一起到村后小河边去溜达溜达。纯子突然看到一丛长得人一样高的植物，开着一丛丛艳如美人蕉一样的花，伸手扶到鼻子前嗅了嗅：“老爸，这是什么植物，开着这么鲜艳的花呀?”

爸爸转过头一看，说：“这叫蕉芋。你看，它的叶子有点像芭蕉叶，所以学名就叫‘蕉芋’，在我们家乡称它为‘番芋’。这开着的花呀，掰下一朵吃一下试试，花柄处是清甜的，我们儿时常常摘来吃。”说完，掰下一朵尝了起来，那感觉是儿时的记忆。

“不行不行，老爸，不能随便采摘花的。”纯子说。

“没问题，这不是观赏的鲜花。我们小时候常常看到它就摘下来尝一尝。那时，我们难得有一粒糖果吃。”爸爸补充着。

接着，爸爸就地蹲下来，给纯子介绍说：这种蕉芋，有的地方叫它“山芋”“洋芋”，还有的地方称它为“旱藕”。它是生长在亚热带山地的植物，是一种原生态绿色食品。

蕉芋的根茎含淀粉、还原糖、蛋白质等，富含色氨酸等物质，营养价值高，是现代人追求的绿色环保食品。

蕉芋的种植方法非常简单，种在那土壤里，几乎不要怎么去管它，远比那大薯、芋子好种，而且猪牛羊等家畜也不爱偷吃这种植物。因此，对农民朋友来说，它是最好打理又最绿色的植物。

不过，它要种植一年才有收成，而且收成后加工过程较复杂，所以人们种植的积极性不太高。但在当年物质比较匮乏的年代，还是有许多人家在闲置地上种它。

头一年收采时将最小最嫩的蕉芋籽留下来当种子，第二年待春暖花开时就种下它。

年底收成时，年初种下去的那个蕉芋，因为最老，所含的淀粉特别多，清洗干净后蒸着吃，非常香。但是，胃不好的人是不能去碰的。其他当年新长出来的，清理干净后，就通过人工磨成浆。

大冬天加工蕉芋是最辛苦的事。种得多的家庭，日夜磨，磨得双手黑黑的，十指都裂开，是最累最难做的活。

后来发明了机器加工，但在冲洗蕉芋粉时，也得靠人工一茬茬地过滤，

一般情况下，最表层特别黑也特别粗糙的粉，捞起后用于喂养家禽家畜，只是在粮食特别紧缺的年代，才当作人们食用的粮食。中间稍白一点的粉捞起后，一般做成粉条，用作杂粮。沉淀在最底层那雪白雪白的粉，捞起来晒干，或当作烹饪的勾芡粉，或再加工成粉丝。

那过滤出来的渣，就随意地搓成一团一团的，自然晒干后，再加工成猪或牛的饲料。

蕉芋粉用处可大呢。不仅营养价值高，在药用上还有特别的功效呢。蕉芋粉是一种中药，有清热利湿、解毒消肿、健脾胃的功效，在治疗痢疾、泄泻、黄疸、痈疮肿毒等方面疗效显著，尤其是对腹泻有显著功效。

纯子听爸爸说了一番，迫不及待地问："它的生长期那么长，一定要等年底才收成吗？"

"是的，现在你别看它长得枝繁叶茂，但还正是长苗的季节，农历的七八月份才开始慢慢地在根部结块根呢。"

纯子点了点头。

14. 五谷杂粮益健康

纯非听妈妈津津有味地介绍了各种薯，好奇地问道："大薯也属于五谷杂粮吗？"

"你问得太好了。在古代，五谷杂粮有统称。在当下，人们

说的五谷杂粮就更广泛了。”妈妈说。

接下来，妈妈又为纯菲兄妹们介绍什么是五谷杂粮。

在古代，“五谷”特指稻、黍、稷、麦、菽。还有人认为，五谷泛指五类作物：悬、藤、根、角、穗。

近代，五谷通常是指稻谷、麦子、大豆、玉米、薯类。在当下的日常生活中，同时也习惯地将米和面粉以外的粮食统称为“杂粮”。

纯子一听五谷杂粮就嚷嚷着：“我不喜欢吃芋头，不喜欢吃南瓜。”

妈妈耐心地说，五谷杂粮是我们民族赖以维持生存的食物。几千年以来，中国百姓一直将五谷奉为圣品，称之“五谷为养”“五谷为厚”“五谷丰登”。

多种杂粮熬制的八宝粥、各种谷物合制的五谷饭，日常生活中缺不了的调料醋、酱油和各类名酒等，都是用五谷杂粮作为原料的。

在日常生活中，五谷杂粮可以根据各自的口味变化着吃。如，将十种八种的五谷杂粮混在一起，或单纯地煲粥吃，或适当加些荤腥煲汤喝，或甜或咸或淡尽可随意。也可以将多种五谷杂粮混在一起，或磨成粉加工成各种糕点，或磨成浆随意喝。还可以将之炒熟后磨成粉，需要时开水冲泡。五谷杂粮真是老少皆宜呢。

（二）餐桌技艺

1. 碓寮下的梦想

哗啦啦的流水，
咕噜咕噜转的水车，
传统的碓寮下，
长长的碓子，
硕大的石臼，
有粮碓粄，无粮碓谷糠。
那咕噜咕噜转的大水车，
转动着人们幸福生活的梦想……

奶奶陷入回忆，哼起歌谣。纯子兄妹听完歌谣，要妈妈也做些什么米粄来吃。

妈妈说，在我们家乡的生活习惯中，逢年过节，都会做各式各样富有地方特色的小吃，比如老鼠粄、苎叶粄、灰水粄、多层粄、白头翁粄和年糕等。

在过年过节或农闲时，大多数家庭主妇都会露一手，并你一碗我一碗地分赠左邻右舍品尝。

那传统的水碓，是技艺非常高的老师傅才能做好，而且安装在有水渠的山沟里。那一声声“咕噜咕噜”的碓声，唤起了人们美好的梦想。

水碓全靠水力推动。而在没有水的地方，则全靠人力一脚一脚地踩着“脚碓”。水碓和脚碓安装的地方，人们就称为“碓寮下”。

听妈妈说得那么有趣，纯菲想去参观水碓。可是，妈妈说，随着农民进城的步伐，如今在农村也少有这些东西了。而且，如今农村里人们吃的各种米粄，除了原料还是传统的，加工的过程基本上用机器代替了。只不过，机器加工的米粄，吃起来口感的韧性没有人工加工的好。

2. 蒸年糕

年糕年糕年年高，
年糕好吃工艺多。
年糕要用糯米做，
单纯糯米也不好。
黏米糯米三七开，
多了少了做不好。
先把糯米碾成粉，
再把糖水锅里熬。
适量加些橘子皮，
切细成沫添加上。
再加几粒“黄知子”，
颜色好看又环保。
趁热人工使劲揉，
越揉越韧劲道好。
即使下雪大冬天，

大汗淋漓如夏天。
蒸年糕，有学问，
小火慢蒸有味道。
至少小火蒸一日，
才成美味好年糕。

纯菲像妈妈，喜欢糯米加工的食品，纯子却像爸爸，说那东西黏喉咙，吞不下。

奶奶说，过年回来蒸年糕吃。纯菲却不解地问：“为什么偏要等到过大年?”

奶奶笑了笑说：“这蒸年糕，是过年时家家户户都必蒸的。即使现在想吃，也找不到做年糕必配的橘子皮呀?”

纯菲穷追不舍，问奶奶为什么一定要加橘子皮。

妈妈接过话说：这是传统蒸年糕的手艺。做年糕，能展示自家手艺。在传统的生活中，每年从除夕到正月，人们闲聊的话题肯定离不开谁家的年糕做得好。用传统手工做年糕，讲究的是精、细。

第一，必须挑选品质好的上等糯谷，加工成大米。

第二，必须选择晴朗的好天气，将糯米浸泡透后碓成粉，晒干。糯米粉晒不好，做出的年糕肯定味道不好。

第三，糯米粉和大米粉要搭配合理。一般的情况下，糯米粉、大米粉按 7∶3 混合。如果糯米粉太多，会因黏性太强，蒸好后切不成形。大米粉太多，则太硬，口感也不好。在物资比较紧缺的年代，糯米有时也用高粱代替，大米用地瓜粉或蕉芋粉代替，糖则用糖精代替。

第四，蒸年糕的糖一般都用红糖，过大年蒸红年糕显得吉利。做年糕之前，要将红糖放在锅里煮成糖水。当然，糖的量也必须是恰到好处，不能太甜。同时，加入橘子皮剁成细末，并加一两粒“黄知子”煮成汤，增加年糕的色泽。

第五，煮成的糖水和年糕粉时，必须趁热使劲地反复揉上一两个小时，要揉得非常柔软。要注意的是，必须是靠手工把它揉软，而不能靠多掺水或油使它柔软。揉得越软，蒸出的年糕越松软。所以，都是体力好的人揉年糕，即使再寒冷的冬天，都会揉得大汗淋漓。

第六，揉好的年糕放入大陶钵头，下锅蒸时，先将钵头蒸热后抹上一层油，然后再使劲用手掌将年糕拍压平整，否则，年糕蒸好后不能从钵头里整块脱落。

第七，在蒸年糕时，用大火将水蒸开后，改为小火慢慢地蒸上十来个小时。这样小火慢蒸，做成的年糕才香甜、鲜亮。

经过这样做成的年糕，香醇有劲道。

3.“粄”的味道

五月节，摘苎叶，
苎叶摘了做米粄。
做米粄，用大米，
糯黏搭配要合理。
糯米黏米三七开，
多糯多黏都不成。
各种粄子味不同，

有的纯粹是风味，
有的则是药膳粄。

听奶奶和妈妈说了一通老家的年糕，纯菲说想吃那风味独特的“白头公粄”。奶奶笑了，妈妈不说话，兄妹俩有点丈二和尚摸不着头脑。

妈妈说：“在老家，传统上做米粄是有季节性的。比如说，‘白头公’是春天生长在野外的一种草，清明过后生长期就结束了，你想吃，去哪找呀？”

“那这个季节可以做什么米粄吃呢？”纯子问。

“这个季节可以做‘苎叶粄’和‘灰水粄’吃。”奶奶看孙子想吃这家乡的小吃，非常开心，说马上就可以去做。

妈妈说，做粄也是有技艺的。就拿较普遍的灰水粄来说，要选隔年没有吃完的早季“陈年粮”，同时最传统也是最好的方法，是用一种学名叫“乌饭树”的植物烧成灰后用水煮开或用开水冲进行过滤后的水，当作碱，加入米浆中搅匀。这种植物会开花结黑色的小果，我们称之为“多料籽”，农历的七八月份成熟。

灰水粄，也称为水粄、潽粄、糖糕粄。做灰水粄，米浆要浸泡透后，人工慢慢地磨。将陶盆在锅中先蒸热后，用油抹一抹，才能将米浆倒进去蒸几个小时，蒸成颜色呈淡黄色、刀切或用线拉不沾工具不沾手、韧性强且味道香的客家传统粄。蒸好的灰水粄，或煮，或炒，或加上调料沾着吃，或切成小块现吃，都可以。

那松软可口的苎叶粄，是用“苎叶”、学名叫“白背叶”的植物做成的。这种植物，田头地里随处长。摘下叶洗干净后，用开水稍稍捞一下，加上糯米粉和大米粉，用碓子碓成粄。

做这种粄要注意的是，必须是清晨 7 点之前采摘叶子，否则被太阳暴晒过后的叶子，吃后容易引起尿道炎。

“白头公”，学名叫“鼠曲草”。它也是生长在田野里的一种天然植物。每年立春前后开始发芽，清明前后长到五六厘米高时，绿中带一点点灰白，就可采摘来做白头公粄了。待到清明节过后，白头公就开一小撮一小撮的小黄花，远远看去，大地上就像铺上了一层薄薄的黄金，美丽极了。

若是在它的花蕾正开时去采摘，那做成的白头公粄就特别香。如果这时期采集全草，洗净晒干后，还是补肾的良药呢。

4. 糍粑宴

打糍粑，用糯米，
大火烧来文火蒸。
呼哧呼哧蒸好了，
饭香阵阵真醉人。
迅速倒入石臼里，
快速将饭来碾成。
接着举锤使劲打，
糍粑起臼打好啦。
左右邻居送一碗，
惹得嫦娥下凡来。

纯于看奶奶真的去做“灰水粄”了，心里非常高兴。妈妈说，有条件时可以常回来品尝老家的小吃。

妈妈说着说着，眼睛一亮：“哎，现在是夏收时节，我们可以‘打糍粑’呀！”

爸爸接话说，按传统，“禾了一臼糍，田了一只鸭”。现在早稻已经收成了，我们明天打糍粑，吃传统的“糍粑宴”吧。

爸爸说，糍粑，是一种具有客家传统特色的风味小吃。在老家，人们庆贺丰收时，会邀请亲朋好友到家中打糍粑。

不过，打糍粑是一种非常讲究米质和技艺的活。

首先，选择黏性较强的糯米泡透。泡好后，要用清水将大米冲洗干净并沥干装入饭甑，用大火蒸成饭。

其次，打糍粑要由两人配合着，力气大的一位举着 T 字形的木棒站在那一下一下地打，手脚比较麻利的另一位则蹲在石臼旁，备好一盆温开水进行“救糍粑”。

打糍粑是体力活，这“救糍粑”也不是省力的。要将石臼中的糍粑整个翻一遍，还得在石臼的底部使劲将糍粑搼实，才能让打糍粑的人能够打到底。

接下来，要将花生、黄豆和芝麻炒熟后磨成粉，加上白糖，备作沾糍粑的配料。待糍粑打好后装在钵头中，一端到桌上，人们就用双手将糍粑团成一粒一粒的糍粑团，沾上调料，就是香甜爽口的糍粑了。

糍粑看上去晶莹剔透，油光发亮，吃起来松软滑爽，极富韧性。

听着听着，纯子、纯菲好期待吃糍粑啊。

七、山野趣事

（一）山上的收获

大山里，是乐园，
野生果实四季捡。
春天里，百花开，
采花摘果乐开怀。
夏天里，有蘑菇，
上山采菇最有趣。
秋天里，满山果，
青果红果和黑果。
冬天里，捡板栗，
寒风刮了早早去。

纯子兄妹俩在爸爸妈妈的陪同下，到山上去走走。爸爸说，村对面的山，是他小时候常常和小伙伴们比赛登山的地方。

纯子一听到比赛登山就有点兴趣，提议说要和妹妹比赛。纯非可乐了，她最喜欢和哥哥比赛，她知道哥哥偏胖，跑不过自己。

早饭后，大家备足了水就出发。妈妈眼尖，还在山下就看到那稻田的边上有一丛野草莓，她伸手拉过野草莓说，这植物学名称“悬钩子”，是蔷薇科。当年她在老家劳动时，常常要到田里去割草。那力气大的挥舞着大劈刀，站在田坎上，“嗖嗖嗖”地往下劈，自己持一把小镰刀跟在后面，将劈下的草均匀地拖到田中的禾苗间，让它腐烂、沤肥。这时，就有可能在茂盛的绿草丛中，摘到美味可口的野草莓。有时也可以在草丛中采到许多常用的草药，如一点红、夏枯草等。甚至还能在劳动中采摘到野生的蘑菇，获得一些意外的惊喜呢。

妈妈的话，引起了纯子兄妹俩极大的兴趣，追问着在山野里，都能遇到什么快活事。

爸爸说，山上是个大乐园，一年四季都有趣。

1. 春采蘑菇

春夏之交气候多变，
一阵雷鸣闪电之后，
艳阳高照烈日来临，
乐坏山上的菌类们。
林林总总的菌类，
悄悄地探出了头。
赤红色的赤米菇，
嫩滑爽口清甜味。
淡青色的青面菇，
也想争个数第一。
还有那沙菇、蔓菇，

优罗菇、瓦子菇、奶汁菇……

纯子兄妹俩一听说深山老林里有蘑菇，就兴奋得跳了起来，嚷嚷着，暑假里有没有蘑菇？

妈妈问了问邻居，说是这个季节刚采过，争取明年早半个月回来采蘑菇。

妈妈说，儿时的记忆中，上山采蘑菇是一件非常有趣的事。每到山上蘑菇生长时节，农妇们就会凭着自己丰富的生活经验，“英雄所见略同”地趁天色蒙蒙亮，起个大清早，奔向某一个山头去采摘蘑菇了。

不同的山头生长的蘑菇的品种各不相同，各种蘑菇都有各自生长的特定季节和环境条件，偶尔几个不同品种的蘑菇生长在同一座山头。但是，不是所有的山头都能生长蘑菇。蘑菇分有毒蘑菇和无毒蘑菇，有毒蘑菇是不可食用的，哪怕是吃上一小片都有可能丧命。

在山区，一年四季中，夏秋冬三个季节在山上会生长各种各样的蘑菇。

农历四五月，是蘑菇生长最多的季节。蘑菇中品质最好、堪称上等的是红菇、沙菇、赤米菇、青面菇等。可是，在都市里被称为上品的只有红菇。而沙菇、赤米菇、青面菇等，很多人不知道或不认识。

除了沙菇是独生之外，大多数蘑菇是群生的，在某地只要发现一朵，就说明这一带或这一片山都会长这些野生菇。

有时在它们的生长季节里，今天你在这里采到了一朵沙菇或赤米菇，三两天之内你再到这里看看，必定还会有收获的。

农历七月是牛肝菌生长的季节。这时期生长的还有电菇、大脚菇、钩脚菇等。这个季节生长的蘑菇个大，分布的面不广，它们有规律地一堆一堆长在一起，你要是能找到它们生长的地方，就可以带上大箩筐，像抱娃娃一样，一堆一堆地采，装上满满的一大箩筐。

鲜蘑菇不好保管，采摘回来就得拿去晒干。要注意的是，晒干前不能用水冲洗，只能是从山上采摘回来后，直接晒干或用火烘烤，经烘烤的蘑菇特别香。

农历十月，是松菇生长的季节。这个季节，也是蘑菇生长品种最少的季节。松菇是在松树针叶落得较厚、能见阳光、较潮湿又能长芒萁骨草的地方才生长。

2. 秋冬捡果

秋天后，冬天到，
满山野果品种多。
桃金娘，秋天熟，
滋补营养味道好。
乌黑果，初冬熟，
躲在草丛不好找。
捡板栗，有技巧，
被苞包着刺特多。
成熟掉下蓬包籽，
蓬中挖出大板栗。
捡榛子，最有趣，

考验细心和技艺。
成熟风吹籽落地，
带上扫把轻轻扫。
偶尔遇到老鼠洞，
一捞就是好几斤。

纯菲听妈妈讲了采蘑菇的故事，第二天就嚷着要爸爸妈妈带她和哥哥到山上去转转，说哪怕没有什么野果可采，出去看看山上的大树也是一种收获。

妈妈就带着他们到村背后的大山里去随意走走。

在村口，妈妈看到路面上有一棵特大的栲树。站在大树下，学植保的妈妈又趁机给他们讲开了。

妈妈说，在我们老家，山林植被非常好。中部是由常绿阔叶林米槠树、丝栗栲林、拉氏栲林、木荷林、黄瑞木、樟木林等树种组成乔木层，上部是由常绿针叶林杉木、马尾松、长苞铁杉、柳杉、水杉、三尖杉等组成上层乔木群。置身其中，静心欣赏，真是：青山环抱，溪水清澈，乔木蔽天，松涛满耳，嘉花美卉，苍翠如画。

冬天，是阔叶栲林结果的成熟期。只要一阵大风，成熟的板栗和榛子就会从树上“啪啪啪”地掉下来。

捡榛子好办些，它是从成熟后的米槠树中榛子蓬中自然掉出来的，到了山上，可以就地采上一把树枝扎成小扫帚，“唰唰唰”地三下两下就将榛子扫成一堆。运气好时，还可以找到老鼠窝。

捡野生板栗就不那么好玩了。板栗成熟后，带刺的苞从树上掉下来，要用手一粒一粒地将它挖出来。

这挖板栗是一门技巧性较高的活，稍不小心，就会被刺扎上。

“这捡榛子与老鼠窝有什么关系呢?”纯子不解地问。

妈妈说：“那老鼠为了过冬，也得储备粮食呀。老鼠非常聪明，往往会在梼树附近挖个洞。待榛子成熟掉下来后，就将之收集藏在洞中。你别小看这老鼠洞，有时一个小洞就有可能捡到几斤的榛子呢。”

“那老鼠吃过的东西能要吗?”这次轮到纯非发问了。

“你放心，山上的老鼠是吃野果的。”妈妈补充说。

妈妈还说，小时候有时上山捡的榛子比较多，炒熟后拿到市场去卖，一角五分钱一小竹筒量着卖。看电影时，人人怀里揣一把板栗或榛子，在电影场上“咯咯咯”地咬个不停呢。其雅兴，远超过了你们现在的吃零食。

（二）鱼虾之乐

村头的小溪，
有许多童年的记忆。
清澈的溪水，
泡茶，清香沁人心脾。
酿酒，是上等的佳品。
溪岸上的稻田里，
鸡鸭成群做游戏。
泥鳅黄鳝扎泥里，
一年四季都可捉它去。

月光下的夜晚，
打着松脂火把，
结伴摸鱼抓虾。
“哗哗哗”的溪流，
奏响童年时代的催眠曲。

晚餐又是一顿丰富的菜肴，煮了邻居张伯伯特地送来的村头小溪里捞的鱼，还煎了一盘陈叔在稻田里摸的泥鳅呢。

最高兴的是爸爸，他常常在纯子兄妹面前说自己小时候在溪里摸鱼抓虾的趣事。这不，爸爸看到饭桌上的鱼虾，话匣子又打开了。

爸爸说，村里这条溪清澈见底，是世代村民赖以生存的水源之地。小溪里，长了很多适合鱼生长的鱼草。溪中有各种淡水鱼，如河虾、乌龟、鲤鱼、鲢鱼、鲶鱼等。

小时候，我们在上学或放学时，经常会看到有人肩膀扛着大渔网在溪里网鱼，也经常看到有人钓鱼。逢年过节，当人们到溪里来杀鸡宰鸭时，成群的鱼儿在水中跳跃得更欢。

1. 全家出动捉泥鳅

全家出动捉泥鳅。
爸爸在前头，
夹到泥鳅往后递。
孩子跟后面，
背着竹篓等收获。

妈妈挑着松脂片，
确保照明有收获。

吃着餐桌上的鱼虾，爸爸说，最有意思的是全家出动捉泥鳅。在人们对水田精耕细作的年代，水田里泥鳅、黄鳝、小鱼和小虾很多。秧苗播种后半个月左右，是到田里去捉泥鳅、黄鳝的最佳季节。

捉泥鳅、黄鳝，最高兴的莫过于孩子们。吃过晚饭，一伙人打着松脂火把捉泥鳅、黄鳝，不仅是孩子们最快乐的童趣，也是大人们最乐意做的事。

当然也可以一个人去捉泥鳅、黄鳝。腰间绑着一个小竹篓，走在田头，沿着田坎，一丘田一丘田地转，看到田坎边有小洞，双手食指沿那小洞伸进去，泥鳅或黄鳝必定到手。

不过，这夜间捉泥鳅、黄鳝的工程量可不小呢。

首先，得扛着柴刀、斧头到深山老林里，去挖那老松树根来当作火把。这种松树根，必须是生长百年的老松树，且松脂多。最好的是老松树年久腐烂后遗留下的芯或根，劈下一段后，再劈成一小片一小片的。

其次，晚间捉泥鳅和黄鳝，要有一套完整的工具。比较重要的有夹子和火篓子。

夹子得花钱请铁匠师傅打造，形状如“儿”字，接着一根约两米长的木棍。

孩子们没有钱怎么办呢？没关系，就采用简便的方法，将十几枚较粗的缝衣针扎成一字排，之后绑在小木棍上。

火篓子是用较粗的铁线编成直径约三四十厘米、类似平时买菜的小菜篮子，再用一根长约两米的木枝接着，便于伸到田间照看是否有泥鳅、黄鳝。

捉泥鳅、黄鳝的时候，一般是二至三人一组配合着。负责夹泥鳅、黄鳝的人在前头，左手执着火篓子，右手握着夹子，看到泥鳅或黄鳝，对准它用力一插。

要注意的是，插下去后，不能马上就拔起来，你就势稍稍地转动 90 度后，它就肯定跑不掉了。否则，泥鳅或黄鳝容易趁你在迅速拔起的过程中溜掉。

跟在后面的助手，肩膀或挎着一筐或挑着一担的松脂片，腰间绑着一个小竹篓，前面的人夹到泥鳅或黄鳝后，就势将夹子伸向后面的人腰间的篓子口，用手轻轻地一撸，就收获了。

这期间，负责挑松脂片的人，还得及时配合着给前面火篓子里添松脂片，保证火把的明亮。

再次，得选择白天阳光很充足，夜间又不起风的好天气，才能保证这个晚上肯定会收获。要是白天虽然天气很好，但晚上有风，那泥鳅是不出来的。

有时，出去捉了一个晚上，孩子们被那松脂火把熏得满脸黑乎乎的，第二天起床后，你瞧瞧我，我瞧瞧你，看着看着，竟大笑了起来：“哎，怎么都成了黑人啦！”

捉泥鳅、黄鳝，一般都准备好了粉干，回来就煮“泥鳅粉干汤”吃。或者是煎泥鳅、黄鳝，又香又酥，再配些韭菜或酒糟，吃起来特别过瘾呢。

2. 抓黄鳝艺高超

抓黄鳝，讲技艺，
技艺不高没有戏。
初夏黄鳝钻田坎，
两指一下夹住它。
黄鳝泥蛇极相像，
全凭经验判别它。

爸爸说，在老家黄瓜炒黄鳝是绝配。黄瓜的出产季节是初夏，这时也是抓黄鳝的最好时机。不过，抓黄鳝可不是人人都能会的，必须要有高超技艺的人才能抓到。否则，你出门去转悠了半天，将一无所获。

黄鳝炒黄瓜，是客家地区的一道传统美味佳肴。当然，家中的男主人们在吃这道菜时，一般都会温上一壶自家酿造的米酒，美美地品尝一番。

值得一提的是，由于黄鳝身上表皮黄色带有黑斑，形状像泥蛇，因此容易将泥蛇误当成黄鳝来抓。这种泥蛇不像其他蛇类个头长得比较大，大的黄鳝与泥蛇的外表和身子都差不多。

这对孩子们来说，是一种考验，不仅考验区别动物的能力，还考验临时处事的胆量和应急能力。

特别要注意的是，在夜间打着松脂火把去抓鱼或泥鳅、黄鳝，常常会遇到毒性很大的银环蛇、五步蛇等。这种蛇在夜间对松脂火把有趋光性，看到火把会一直追随着人。

遇到这种情况，要赶快跑。如果跑来不及，就迅速将手中的火篓子往水中一插，让它熄灭，毒蛇也就失去追赶的目标了。

万一被毒蛇咬了，得赶紧抓一条绳子或在身上撕下一条带状的布条，将伤口上方紧紧地扎住后，送往医院治疗。这时，千万不能用嘴去吸或用手指沾口水去涂哟，这样容易将蛇的毒液带进口中，造成血液中毒而发生意外。

3. 剐黄鳝真有趣

剐黄鳝，有技艺，
没有技艺不能为。
一刀下去看准确，
剔除骨头靠手劲。

纯子兄妹俩听爸爸说得很开心，爷爷也凑上过来说：你知道吗？邻居张伯伯可是抓黄鳝的高手。

爷爷说，农历的四五月间，山间田野，百花开放，稻花飘香。孩子们放学一放下书包，就往山上跑，就像松了手的风筝，跑得无影无踪。

这个季节，正值水稻的扬花抽穗时期，人们不再到田间去劳作了，是农民一年中较为轻松的农闲时节，也是孩子们跟着大人，到山里去抓黄鳝的大好时光。

这时天气较热，田间的水稻长得较密，不太透风。黄鳝就会游到田坎边沿来钻洞，从这头钻进去，又从那头钻出来。经验丰富的老农经常背着一个竹篓子，到山垄田里去转悠。

黄鳝一般喜好在泥土偏瘦的田里生活，而泥鳅则喜好在泥土偏肥的田里。孩子们跟着大人，优哉游哉地走着。老农的一双慧眼在田坎边沿瞄上一眼，左手和右手的食指，对着小洞口的两端往里头一插，一条黄鳝肯定到手。

淘气的孩子“大做样，小学样”，跟着大人抓黄鳝。几次下来，这抓黄鳝的本领就学到手了。

“剐黄鳝”是小朋友们的最爱，一听说谁家里剐黄鳝，便蹲在那里聚精会神地看。爷爷说：剐黄鳝时，先将黄鳝倒进大桶里冲洗干净后，找来一个用于做鞋的钻子，搬一条长板凳坐在上面，张开弯曲的食指和中指，夹起一条黄鳝，就势将它的头部在长板凳上敲两下，黄鳝就不能动弹了。

然后在长板凳上用左手的拇指和食指捏住黄鳝的头部，右手将钻子往黄鳝头部的中间一插，就把黄鳝钉在了长板凳上。

接下来，左手顶住黄鳝的身子，右手持一把小刀，往黄鳝紧靠头背部的脖子上一插，从黄鳝的背脊直线往下一拉，“吱”的一声，就将黄鳝剖开了。

之后，将手中的小刀放平，从黄鳝的头部往下拉，将它的脊骨剔除下来，再将肉一段一段地三下五除二地切完。一条黄鳝就在技艺熟练的老农手下剐完了。勇敢的小孩子，看上几眼，就学会这剐黄鳝的手艺。

黄鳝剐好后，肉用于炒菜，头和脊骨连同剐杀过程中流出的黄鳝血，用大碗装起来，加上自家酿造的米酒蒸汤给老人吃，相当于给老人进“大补”。老人常在吃过米酒蒸黄鳝脊骨后说“睡得特别香”。

4. 田间除草，泥鳅黄鳝也照抓

稻田管理真有趣，
泥鳅黄鳝藏田里。
慢慢除草细心辨，
泥鳅黄鳝照样抓。

爸爸眉飞色舞地说，在农村里，抓泥鳅、黄鳝并不是男人们的专利，妇女们在劳动的过程中，也照样抓。

夏天，是对农作物进行管理的关键时节，当然，也是孩子们长身体、能自由自在地亲近大自然的美好时光。他们常常在暑假跟着大人到田间去玩耍。

大人在田里劳动，或锄田或除草或施肥的过程中，常常顺手抓泥鳅、黄鳝。孩子们跟到田头，常常是就地摘一根芒萁骨的秆子，把芒萁骨的叶子摘掉，跟在大人的屁股后面，大人抓一只，就串一只，半天下来，也能获得长长的一大串呢。

孩子们也喜欢自己动手，看到田里有泥鳅、黄鳝时，将自己右手的食指和中指张开并弯曲起来，对着黄鳝或泥鳅靠近头部的部位就势一夹，抓住了。

有时，大人们在田间劳动的过程中，看到泥鳅或黄鳝，双手合掌，就势轻轻地往田里一捞就抓到了，这也是一种好方法。

有时，孩子们拿着一只小渔网，好奇地跟着大人来到田间，挽起裤管，下田去，这边捞捞，那边捞捞。运气好时，在田与田之间的下水口处，就势一捞，说不定就有不少的小鱼小虾呢。

不过，虽然田间溪头有许多泥鳅、黄鳝，但是并不是人人都能捕捉得到。同样抓鱼摸虾，常常是那些捕捉能手已经抓得盆满钵满了，而你却一只都没有抓到。这就需要有非常丰富的经验。

经验丰富的孩子，不管在什么季节或什么地方，只要他出了门，就不会有空着手回家的事。

5. 酷暑天捡泥鳅

大夏天，是酷暑，
气温高过四十度。
泥鳅躲在稻田里，
中午时分被热晕。
提个竹篓出门去，
转悠一圈捡一篓。

爸爸说，酷暑天到水稻田里去捡泥鳅，也非常有趣。

酷暑天，骄阳似火，俗话就说了，“再穷不攒六月的血汗钱”。但是，经过半年辛苦的劳动，到了收获的季节，人们还是非常愉快地劳作。

这个季节里，孩子们放暑假了，没有学业负担，但也跟着大人在忙前忙后，到田里去收呀，在地里摘呀，忙得不可开交。

大人们将夏天水稻收割后，紧接着要对收割后的水田进行犁田、耙田，抢在立秋前将下一季水稻的秧苗插下去。

这时，原来躲藏在水稻田里的泥鳅，不仅失去了遮阴，而且还被犁田、耙田的耕作程序抄了个底朝天。因此，中午时分，有时遇到气温高达或超过 38 度时，稻田中的水温也高得发烫了，这时泥鳅也就失去了生存的条件，被这高温焖晕了，便从泥里钻了出来。

机灵的孩子们，常常会在这特别炎热的时候，邀上好朋友一起前往稻田里捡泥鳅。有时，出去转一会儿，就可以捡到一小竹篓的泥鳅。晚上或煎上一盘香喷喷的泥鳅，或煮上一锅冬瓜泥鳅汤，就成了解乏的一种意外惊喜。

6. 翻冬田抓泥鳅

大冬天，做冬翻，
天寒地冻身上冷。
使劲举起大锄头，
一锄下去翻一块。
掀开土块捉泥鳅，
泥鳅一家跑不了。

奶奶坐在一旁，一般不插话，但听大家说得有趣，也凑上来了。她说，农历十月的冬季里，要对收割完农作物的农田进行“翻冬”，以让农田“休耕”。

大多数情况下是：离家近的田，就排去稻田里的水后，用锄头进行翻冬。离家远的山垄田，则用牛进行犁田翻冬，称之为“浸冬”。

孩子们在这个季节里，放学后带着一个竹筒子，到翻冬耕的田里去抓泥鳅，是最快乐的事。

大家用锄头或铁锹将稻田一大块一大块地翻起，垒成畦进行“晒冬”时，往往就翻起了躲藏在土层里的泥鳅，有时是两三条泥鳅在一起，我们戏称为泥鳅的“一家子”。

有时，稻田的水刚排掉还没有被完全晒干，淘气的男孩子就会三五成群地提着小竹筒到田里去用双手挖泥鳅。这时，一般的情况下，凭着田中的小洞来辨别。经验较丰富的孩子，看见田中的小泥洞，两手往泥中轻轻地一插，双手连泥鳅带土一起捧起来，往小竹筒里稍稍倾斜，泥鳅就会自投罗网，溜进小竹筒里。

有时，一天下来，可以挖到不少的泥鳅。男孩子们在这挖泥鳅的过程中，经常是开心地打起了“泥仗”，成了满头泥浆的“花脸和尚”。

7. 冬天里捕泥鳅捞虾

冬天里，遇晴日，
带着竹篓出门去。
冬休浸田水沟里，
泥鳅出来晒太阳。
懒洋洋地溜达着，
小网轻捞捕着了。

妈妈听奶奶说那翻冬田捉泥鳅的事，也乐了。她说，她上大学前，也常常在大冬天，到翻过冬的稻田里去捕泥鳅捞虾呢。

她说，冬天是农民伯伯一年中农闲时间最长的季节。在耕作的传统上，立冬之前，就得对秋季农作物收获之后的山垄田进行翻冬。

这个季节去捕泥鳅或捞虾，到哪里找呢？噢，在农田冬休翻耕后，天气好时，泥鳅就会钻出来晒太阳。

山垄田的翻冬，就是用牛犁后再浸水。犁田是展示男人们的农活技巧的绝佳时机。

农技活经验丰富的老农，左手扶着犁，右手拿着小竹鞭、牵着牛绳，赶着牛在田里劳动，口中一声声“嘿……嘿……”地引导着，牛循着水田中一行行割水稻时留下的稻草茬，非常有规律地驮着犁前行。原本留着杂乱的水稻茬的稻田，经牛犁翻冬后，形成了一堆堆八字形的土堆，让人看了赏心悦目。

翻过冬后，天气好时，田间的泥鳅和小虾也喜欢聚会，它们趁着暖洋洋的太阳在田沟里溜达呢。

这时，风和日丽，男人们就会带着竹篓和抓鱼的小网，到田里去捕泥鳅。

到了田间，他们就把竹篓往腰间一绑，捋起裤腿往田间小沟里一站，将小网往小沟里一放，手中各拿着一把用竹子框成三角形、底部套着 5—8 个小竹圈的轴，双手张成开口的八字形，轻轻地往前走两步，再两手轻轻地抖动着手中的轴，泥鳅就会主动在“嘀嘀嘀”的驱逐声中自投网中。之后，轻轻地提起小网，往腰间的竹篓里稍一倾斜，泥鳅就非常顺从地溜进了竹篓之中。

女人们则带着小竹篓、拿着小网，到翻冬后的田里去捞虾。到了田头，将小竹篓往腰间一绑，捋起裤脚，往田间小沟里一站，弯下腰，双手抓住小网在小沟里来回游动。小虾一不小心就钻进了小网中。

捞到虾洗干净后，就用大铁锅炒熟，自家吃，或拿到市场上去卖了补贴家用等，是一笔收入哟。

8. 春天里捡“土狗子”

捡蝼蛄，打水仗，
满头满脸是泥浆。
你打我，我打你，
谁赢谁输无所谓。

说着说着，爸爸又来劲了。他说，春天里村头的麦收后翻田时，孩子们背着小竹篓去捡“土狗子”最有趣。

“土狗子”的学名叫“蝼蛄”，也叫“蝲蝲蛄”，它是一种对农作物有害的昆虫，生活在旱作物中，褐色，有翅，前面的脚爪很尖利，靠着脚爪掘地，能咬农作物的根。

在老家，传统上较远的山垄田一年只种植一季。家门口就近的农田，一年则种植两季。有时，也在那含沙质较多的农田里，冬季再种植油菜或小麦等旱作物。也就是在这第三季的农作物收成后，人们要将这片旱地翻耕来种植水稻时，就得用牛对这片地进行犁田。

犁过之后，再用牛对这片地进行“耙田”。耙田时，大人们身边背着一个小竹篓，一边劳动，一边忙中偷闲捡土狗子。

孩子们则你邀我，我邀你，三五成群地各自提着一个小竹篓，捋起裤管下田去，也跟着去捡土狗子。只见他们，顺手用两个指头将它的头部轻轻一捏，放进篓中。

大人们赶着牛耙田时，耙一过，成群的土狗子就从土中浮出了水面。跟在牛屁股后面的孩子们，两只手左一只右一只地捡个不停。

为了抢夺土狗子，小伙伴们还不时地打起了水仗，弄得浑身上下全是泥水。谁也不管输赢，收获的是开心。

拎着一篓土狗子回家，用清水冲洗干净后，只要用一点点的油煎一下，或加上一把韭菜炒上一碗，又香又酥。爸爸说，那种吃土狗子的滋味，至今回想起来，仍是如痴如醉的感觉。

9. 施肥时捡田螺

禾苗施肥也有趣，
一边劳动一边收。
捡了田螺抓小鱼，
每天收获很高兴。

爸爸说得高兴，纯子和妹妹也听得开心。爸爸说，大人们初夏时到稻田里去管理水稻，也是有收获的。

在山区，山垄田里大多都生长着田螺。

传统上，秧苗插到田里半个月后，就得每隔 10 天左右挑上农家肥到水稻田里去施一次肥。

这施肥的活计虽然是大人们的事，但是在施肥的过程能不能带回田螺、小鱼，则是孩子们最关注的事。

一般情况下，第一次施肥，是用“尿浆灰”，第二次施肥是用猪牛粪肥，这些肥统称“农家肥”。这农家肥挑到山垄田的稻田边后，分装在“盐箕子”里，然后人们双脚跨在两行禾苗之间，弯着腰，左手提着盐箕子，右手从盐箕子中一撮一撮地抓起肥料往每一丛禾苗的根部送。

在往禾苗根部送肥料的过程中，就有可能在禾苗的根部，拾到一两粒田螺。因为，田螺会钻进禾苗的根部觅食。因此，在这一来一往的过程中，盐箕子中的肥料送完了，同时，捡回许多田螺。

当然，在这过程中，讲究的是一种非常娴熟的劳动技能。劳动技能娴熟的能手，就像鸡啄食一样，手中送下一撮肥后在禾苗根部拾起一两粒田螺，迅速又协调，做到劳动和捡田螺两不误。

孩子们去学施肥，则是学农技和修身两不误。

拾到田螺带回家后，一般都用清水放在桶中养上几天，让它将肚子中的污泥吐干净，再将田螺蒸汤喝，或炒韭菜吃。民间说，田螺是清凉降火的好东西。

抓小鱼小虾这种活，是农村里男孩子最乐意做的。他们往往会在放学后或趁大人们不太注意时，悄悄地邀上小伙伴，你拿一只畚箕、我拿一个竹筒地结伴前往。到了田头，也是你在田间那头捞，我在这边赶，想方设法将小鱼小虾赶进早已布下的天罗地网中。最后，几个小伙伴们还一份一份地“分赃”呢。

但是，这种收获不常有，必须是稻田间的水因施肥已基本被排放干了，小鱼小虾随着排水被冲到上块田与下块田的“排水口”里。

有时是因为久旱不下雨，小鱼小虾因生存聚集在“排水口”里，这时淘气的男孩子就会邀上几个小伙伴，带着畚箕去捞上一把，肯定收获不小的。

10. 谷雨时节抓青蛙

谷雨天，很特殊，
青蛙情侣叠一起。
看到一只抓一对，
谷雨这天才遇见。

爸爸说，在农村里长大的孩子们生活可丰富呢，每年谷雨那天的晚上，都会跟着大人们去抓青蛙。

纯菲说："青蛙是益虫，怎么也去抓呀？"

爸爸说，农村里田多，人们只在房前屋后的稻田里去抓。

青蛙，老家称之为"田鸡"。每年的谷雨这天，田中的禾苗刚插下不久，不少男人，在天黑后，带上一把手电筒，寻着一声声的蛙鸣，捋起裤管，突然打亮手电，就有可能捕获一对重叠在一起的"情侣"青蛙，我们称之为"田鸡背背子"。

长辈们会教育我们：抓青蛙必须是抓单独一只的，遇有一对重叠在一起的田鸡背背子的情侣青蛙，必须放生。可是，从捕获者的心情来说，盼望的就是这种意外的惊喜。

当然喽，人们捕捉到青蛙后，肯定是连夜宰杀，美美地吃了。要注意的是，谷雨时节抓青蛙只能用手电筒，而不能用松脂火把。如果你打着松脂火把到田里去抓青蛙，那么你还在老远，青蛙一发现火光，立马就躲藏起来不叫，你也就不可能有收获了。

在寒冷的冬天，我们将秋收后的农田晒干后用铁锄进行翻冬时，有时一铁铡扎下去，翻起一大块的土，也有可能发现一只硕大的、正在冬眠的青蛙，获得一份意外的惊喜。

这时，由于天气寒冷，青蛙非常不灵活，当然就成了“瓮中之鳖”。

有趣的是，不少男孩子在大白天，会抓上一只小青蛙，用一根1米长、稍微粗的线绑住之后，找准青蛙较多的田坎上或鱼塘边，将小青蛙放在草丛中，手中的线一抖一抖地抖动，吸引大青蛙。当大青蛙来咬时，迅速将它钓起来。靠这种方法也有不少的收获。

石鳞生活在深山老林的山涧之中。能去这种地方抓石鳞的人，必须身体强壮、熟悉地形，而且还必须有很强的“自救”能力，因为，石鳞往往和毒蛇住在同一个石洞中。在你伸手进石洞中抓石鳞的同时，完全有可能摸到毒蛇，反被毒蛇咬上一口。因此，常听老人说，抓石鳞的人，出门前必须随身携带蛇药，万一被毒蛇咬伤时，可备急用。

11. 夏天里溪间捕鲫鱼

大夏天，溪水清，
夜间溪里去摸鱼。
鲫鱼鲤鱼成群游，
一网就有好几斤。

爸爸说，他最高兴的事，是夏天里跟着邻居家的哥哥去村头的溪里抓鲫鱼。

村头的那条小溪，留下许多美好的记忆。到溪里去捕捉鲫鱼，是最有趣的记忆之一。这条溪，孕育了许多摸鱼捞虾的高手。

天气好的晚上，他们拿着用竹片框成三角形、用于捕捉鱼和泥鳅的小网，打着松脂火把到了溪里。拿着小网的走在前头，肩上背着装松脂的箩筐的走在后头，腰间绑着装鱼的竹篓。

只见他们非常老到地站在溪边，卷起裤脚，说：走在前面的脚步要轻，紧跟后面的要走在侧面，手中的火把要打在前面人身子的旁边，不能将火把打在前头。在溪里的水中走路，脚步要非常轻盈。否则，溪中的鱼一看见火光或听到稍重一点的脚步声，就会惊跑。

他们对鱼的观察非常准确。只见前头的男孩猫着腰，轻轻地一前一后跨着双脚，遇见有鱼，则迅速将渔网扑向前。一旦网住鱼后，马上将双脚踩住小网的筐，腾出双手抓住网中的鱼，扔进后面人腰间的竹篓里。

有趣的是，有时一群鲫鱼或小鲤鱼，由一只比较大的鱼带着，遇到明火会机警地迅速躲进溪旁的草丛中。这时，就要双手紧握渔网，快速地冲向前，伸手往鱼群前进的方向反势一捞，就将这群鱼网住了。

有时运气好，还会捕捉到比较大的草鱼、鳖和乌龟呢。

八、养猪趣事

纯子和纯菲在老家已经习惯了，那一日三顿餐桌上的食物，饭菜可口肉味香，尤其是那猪肉，可好吃了。

爷爷知道纯子喜欢吃红烧猪肉，几乎隔三岔五买来猪肉，变着花样做，或烧或炒或炖汤，还做那都市里难得吃上的汆肉汤。

爸爸妈妈看着两个孩子在老家那么开心，也觉得在乡村体验生活的活动要常态化。

有一天，妈妈向纯子兄妹提了一个问题：猪的身上有三宝，你们俩知道是哪三宝吗？

兄妹俩连连摇了摇头。

（一）猪“三宝”

饭桌上，菜不少，
有炖有炒有红烧。
吃着餐桌的荤菜，
却不知道猪“三宝”。
猪的身上哪“三宝”？
肉供百姓三餐吃，
皮毛工业有用处，
粪是庄稼好肥料。

妈妈说，上小学时老师就教育我们，猪的身上有“三宝”。在传统的农业生产中，猪是家庭分散饲养的。猪的身上肉、皮毛和粪便都是宝。

肉是供人们食用的主要副食品。在一日三餐的餐桌上，不少家庭都是食用猪油。

中医的治疗方法讲究“食补”。比如，需要补充钙质的人，多吃猪脚；需要调理胃的人，多煲猪肚吃；需要补肾的人，就多吃猪腰等。

猪的皮、毛是很多工业产品的原料。

猪的粪便是庄稼的宝。传统的农业生产，对家庭养猪的猪粪采集非常重视。粪便积的农家肥种植的农作物，品质好，是最佳的绿色食品。

因此，农村里重视猪的养殖。每年的开春，农户都要买回小猪精心饲养。待到年关时，就可获得一笔较好的经济收入。

家庭养猪，可以发挥全家老少的作用。老人无法下地干活，可以在家看家、喂猪。年龄小的，可以到野外去采摘猪饲料，培养孩子们热爱劳动的习惯。还可以将全家三餐吃饭后的菜汤、剩饭，洗锅、洗碗的泔水，加工大米时分离出来的米糠，田头地角种植的蔬菜等各种植物的根、皮，连同长得较粗糙、人又不能食用的地瓜藤、南瓜叶等都作为饲料，使有限的资源得到充分的利用，增加家庭收入。

（二）养猪的学问

养猪特别有学问，
你得慢慢学本领。
传统饲养煮饲料，
大锅细火慢来煨。
一日三餐得细心，
家中泔水不浪费。
科学进步用配方，
规模饲养遍山村。

纯菲听妈妈讲关于猪的知识，听得入了迷。妈妈继续说，其实养猪很有学问。

首先，在买小猪时，要选好品种。以前农村里饲养的乌猪和花猪，都是本地几经培育、筛选的优良肉质种猪，具有骨细、皮薄、肉香的特点。其次，猪养得好，不仅仅是因为猪的品种好，还因为喂养方法好。

除了乌猪和花猪，后来还引进了杂交约克、巴克、苏白等种猪，它们具有体形大、适应性强、耐粗料、长膘快的特点。但嗅觉比较敏感的人，凭着锅中煮猪肉时飘出来的气味，就能判别买的是什么猪的肉。

在猪的喂养上，有着很深的学问。在物资比较匮乏的年代，农家喂养猪，基本上是采集饲料进行搭配后，用传统方法，把饲料煮熟分槽喂养。煮猪饲料非常讲究，如地瓜藤、南瓜叶等，要洗干净、切细，下锅用大火煮开后改用小火慢慢地煮上半个小时，再加上米糠，利用炉膛的余火焖上一个小时。第二天喂时要再加热。在喂食时，还得一瓢一瓢地下槽，再撒一把较细的生米糠做调料，猪才能吃得更饱。

那年代养猪，喂养得当的，一天只长膘半斤左右。后来，开始推广中曲、糖化、盐化饲料和精、粗、青饲料喂养。这个时期，养猪的劳作是减轻了，但猪肉的品质也有所退化。

进入 21 世纪，养猪采取的是混合饲料和饲料添加剂，或进口全价饲料喂养，大大减轻了喂养猪的劳作，基本上一天长一斤。虽然猪的产量提高了，但是猪肉的品质大大降低的同时，成本也大大提高了。

养猪要注意做好猪的防疫卫生。在猪还是小崽时，就得对它进行调理，大多情况下，将米糠炒熟后再喂，或煮些青草药喂它。在猪的整个生长过程中，都得细心观察每天的进食和排出的粪便，以防出现不正常的情况。

猪是不会说话的，在饲养过程中，需要细心观察、掌握它的生长情况。否则，稍不留神就有可能出现猪瘟，那就“竹篮打水一场空”了。

（三）猪肉的烹饪

猪肉烹饪讲厨艺，
只要用心就容易。
煲汤清蒸配蔬菜，
只需加点水和盐。

配菜薄片下锅炒，
焖烧稍厚加调味。
喜好烧肉油稍炸，
酱油盐巴稍加酒。
焖肉相对较简单，
调料加水用小火。
做馅要把肉剁碎，
适当添加些蔬菜。
猪肉烹饪不复杂，
下厨试试就学会。

纯子和纯菲在老家，爸爸妈妈鼓励他们试着下厨房做菜。爸爸妈妈早早就告诉爷爷奶奶，今天晚餐由他们兄妹俩下厨。

兄妹俩围着围裙，先洗菜后备料，那样子像是高级厨师。

妈妈建议说，今晚的主菜就只煮猪肉。商量好，让兄妹俩每人煮两个菜。

纯菲说，她负责炖汤和炒瘦肉片。妈妈指导纯菲说，那很简单，用瘦肉或五花肉。

什么是五花肉？纯菲问。

妈妈说，五花肉是那猪肚皮下面的肉，也叫“三层肉”，有皮、肥肉和瘦肉。这三层肉，在猪的身上最多。我们炒瘦肉片时，要切得稍薄一点，下锅稍稍炸一下，放点盐反复翻炒一下就可以了。之后，先将肉片起锅，把要炒的菜下锅炒到快熟时，把肉片下锅再翻炒一下即可。

炖汤，一般选用带骨头的肉。在夏天，加水或清炖，或加点冬瓜，起锅前加一点盐，就美味极了。

纯子说，自己喜欢吃稍带点肥肉的红烧肉。爸爸说，他来指导。

爸爸跨进厨房的那一刻，双手撸着袖子说：“下厨之前，我先背一首古人关于猪肉的诗词，你们猜猜是谁写的。”

纯菲说：“你先念给我们听听。”

妈妈说：“好了，下厨就下厨，你别卖关子了。”

爸爸站在大灶前，双手叉腰，摇头晃脑地念道：“‘净洗铛，少著水，柴头罨烟焰不起。待他自熟莫催他，火候足时他自美。黄州好猪肉，价贱如泥土。贵者不肯吃，贫者不解煮，早晨起来打两碗，饱得自家君莫管。’你们知道这是谁的词吗？”

纯子看着纯菲，纯菲看着妈妈。

妈妈说：“好吧，我来告诉你们。这是宋朝苏轼的《猪肉颂》。”

爸爸说：“好，咱们来实践实践，看看是不是如苏轼所说‘火候足时他自美’。”

接着，爸爸就指导纯子说，我们也做两种菜。选一小块猪肉剁碎后，炖肉蛋羹，再选一块做红烧肉。

纯子高兴得跳了起来，这个菜是自己的最爱，就是不知道该怎么做。其实，爸爸也喜欢吃这两样菜。

爸爸指导纯子说，将猪肉稍稍用水冲一下。做红烧肉的，切成小丁块，最好选择肥瘦都有的。烧之前，用油稍稍地炸一炸，适当炸掉一点油，吃起来不至于太腻。之后，加些酱油、米酒和一点点的盐，就可以了。如果再加些茴香或五香粉，味道更不错。当然，喜好甜的人，也可在起锅前适当加一点点糖。

爸爸还说，如果在冬天，将萝卜切成小条加肉一起烧也是不错的。当然，在没有萝卜的季节里，加些干菜，如香菇、芥菜干也是不错的。

那炖肉蛋羹也不难。选择稍瘦些的猪肉，将猪肉剁碎后适当加点酱油和盐，然后将蛋打在一起搅拌，即可开始蒸。当然，那蛋也可以不搅拌，直接打下去即可。

开饭了，纯子兄妹俩先请爷爷奶奶和爸爸妈妈坐下来，然后一一端出自己做的菜。

爷爷首先夹了一块纯子做的红烧肉，连连称赞说："不错，不错，好吃。在家乡做的菜，能吃出家乡的味道。"

接着，爷爷告诉纯子说，在我们家乡，还可以做一种叫"扣肉"的大菜。这道大菜，是先将要烧的肉用开水氽一下，之后将肉捞起沥干。接下来，再用油炸一炸，起到去掉油又吃起来有点"酥"的作用。然后再配些酱油和盐，或红烧或干蒸。这时，如果加一点点芥菜干做配料，起锅前，适当加一点点米酒，就是一碗又香又酥脆的大菜。

纯子纯菲第一次在老家正式做大菜，得到爷爷奶奶的夸奖，美美地笑了起来。

九、养牛趣事

纯子兄妹俩明天要离开老家了，爸爸妈妈带他们去走亲戚。

路上，看到一大群的水牛，后面跟着一头黑色的牛和一头黄色的牛，感到有点奇怪，为什么这群牛有三种？

爸爸说，其实这群牛只有水牛和黄牛两种牛。而那头黑色的和黄色的牛，都叫黄牛。对了，找机会带你们到内蒙古大草原去看看，那里是“天苍苍，野茫茫，风吹草低见牛羊”。你看，在咱们南方，这青山绿水中，看到这一群的牛，心情不也舒畅了起来？

当然，在内蒙古，除了羊群之外，有三种牛，那就是黄牛、牦牛和奶牛。这牛的种类，大致分为水牛、黄牛、牦牛和奶牛。各类牛中，因各地的耕作和饲养习惯不同，又分为许多小种类。

（一）咏牛

此石巍巍活像牛，山中高卧几千秋。
风吹遍体无毛动，雨打浑身有汗流。
芳草齐眉难入口，牧童扳角不回头。
自来鼻上无绳索，天地为栏夜不收。

爸爸问纯菲，知道这首诗是谁写的吗？纯菲脱口而出：“是诗仙李白的《咏牛诗》。”

爸爸说，在中华民族的生产中，饲养牛有传统的文化。在我们南方饲养牛，主要是农耕的需要。比如在我们老家，主要饲养水牛和黄牛。深水田的耕作主要靠水牛，山垄田的耕作主要靠黄牛。黄牛皮肤的颜色为黄色或黑色。新疆等地饲养牦牛和奶牛，因为他们是以牧业为主。

历代文人墨客，留下了不少咏牛的名言。鲁迅先生则以战士的精神，留下了“横眉冷对千夫指，俯首甘为孺子牛”的名言。

喜好文学的纯菲马上说，妈妈也曾写过关于牛的散文呢。她背诵起妈妈的散文。

> 老家的村头，有一头大水牛，弯弯的牛角从不寂寞，大大的脚印步步踩出希望，高大的牛背承载着人们的梦想。
>
> 村口的大树下，拴着一头大牛。春天里默默地拉着犁耙。叮当的牛铃声，是我梦中的乐章，那浑厚的叫声，是永不变调的歌谣。
>
> 啊，大水牛啊大水牛，五六岁我就牵着它，长长的牛绳，是我们心灵的交流。大水牛啊大水牛，陪伴了我童年的天真和寂寞，宽厚的牛背，是我的避风港，昂头翘尾奔跑，是我迷茫中的方向。

爸爸继续说，说到牛，生长在都市里的人，往往想到的是展现在眼前的诗情画意般的田园生活：清澈的小溪，绿油油的草地，小孩坐在牛背上戏水，优哉游哉。其实，在南方传统的农业生产中，牛是不可缺少的重要工具。在那计划经济的年代，在每年年终，必定将牛列入统计中。如果要宰杀耕牛，是要经过一级一级的批准。谁要是私自偷宰了耕牛，是要被追究刑事责任的。

（二）倔强的牛脾气

说到牛的脾气，在都市里长大的纯子兄妹俩抢着说："个性较强的人，就会被人说成'倔强的牛脾气'。"

大家哈哈大笑了起来。爷爷说，他小的时候常常去放牛，对牛的脾气可熟悉了。

妈妈说，有一首歌你们听过了吗？生性活泼的纯菲一听说歌，就来劲了，迫不及待地问："什么歌呀？"

"哦，叫《爷爷的故事》"。

兄妹俩都摇了摇头。妈妈就轻声地哼了起来：

月光下，小树旁，爷爷的故事一箩筐。爷爷是个放牛郎，从小放牛跟着跑，跟着牛跑满山岗。牛高兴时他得意，牛生气时他泪汪汪。放牛郎，放牛郎，爷爷放牛砍柴要割草，牛吃饱了要回家，柴草一点没着落。放牛郎，放牛郎，爷爷就是放牛郎，牛高兴时他得意，牛生气时他泪汪汪。

月光下，小树旁，爷爷的故事一箩筐。幼小的爷爷放牛郎，左手牵着牛鼻子，右手提着小草筐。牛高兴时他拔草，牛生气时他跟着跑。放牛郎，放牛郎，爷爷放牛砍柴要割草，牛吃饱了要回家，柴草一点没着落。放牛郎，放牛郎，爷爷就是放牛郎，牛高兴时他得意，牛生气时他泪汪汪。放牛郎，放牛郎，爷爷就是放牛郎，朝无柴米饿肚子，夜无被子冻天亮。

听完妈妈哼的歌，爸爸又说，那牛要是发起脾气来，可厉害了。当被关在牛栏里没及时放它出去时，它就不停地用坚硬的牛角挖墙捣乱，或是用牛角顶开牛栏门跑到邻居家菜地里去吃菜，它的牛脾气可大呢。

牛发起脾气时，可不得了。牵着它去放牧时，如果它不想回家，你若举起竹鞭，它便翘起尾巴，从山垄田里三下两下地就奔到了路上，飞也似的跑去。这时，就是体力再强的年轻人也跑不过它，它直到跑累了才停下来。

有时则是同处在发情期间的两头公牛相遇，就会虎视眈眈地相视。这时，如果没有及时采取措施隔开这两头牛，那么，这两头大公牛就必定会谁也不服谁地大斗一场。其中一头输了，自动跑掉，那另一头牛会扬起尾巴使劲地追，直到那头牛也跑得无影无踪，这场“战斗”才结束。

当然，古代著名画家赵孟頫的佳作《牧牛图》的题画诗“杨柳青青柳絮飞，坡塘草绿水生肥。一犁耕罢朝来雨，却背斜阳自在归”描绘的却是另一种意境哟。

十、完成作业

就要离开老家了，纯菲的创作灵感也来了，她跑回房间，快速地将出发前妈妈给自己布置的“作业”、准备国庆节班会上想要演唱的一首歌的歌词写了下来：

我说你猜

（唱）春天里，百花开，我来说，你猜猜，菜地里，种什么？

（白）唔……萝卜、白菜、茄子、包菜和西红柿？No，No，No，对一半，错一半。告诉你，春季里，种的是黄瓜、南瓜、四季豆，还有那茄子、番薯和西红柿。

（唱）夏季里，花满枝，你猜猜，果园里，收什么？

（白）苹果、梨子、橘子和柿子？No，No，No，全错了。告诉你，夏季里，花满园，收成荔枝、枇杷和龙眼，还可到菜园子里摘黄瓜。

（唱）冬季里，数九寒，你猜猜，大地里，藏什么？

（白），南瓜、地瓜和白菜，还有那红红的胡萝卜。Yes，Yes，Yes。千年古训传到今，寒冬天，要备粮，有时要备无时荒。

（唱）华夏版图大雄鸡，东西南北各不同。一年四季有节气，收种节气要分清，要分清。

一会儿，纯菲来到楼下，将自己写好的歌词递给爸爸。爸爸认真看了看，满意地点点头，折叠起来，放进了口袋。